숲에 잠겨 꿈을 꾸다

안문자 수필집

교음사

| 책머리에 |

코로나19 팬데믹의 긴 터널을 지나왔습니다. 일상을 뺏긴 후 무심했던 그 날들이 지나간 후에야 은혜였음을 깨달았습니다.

바깥세상과 거리를 둔 날들은 텃밭 가꾸기와 독서로 하루를 보냈습니다. 책은 사람과 사람 사이, 세상과 세상 사이의 통로를 열어주기에 여러 형태의 삶과 사람을 만나며 온 세상을 바라볼 수 있었습니다. 자연과 책 속에서 속사람을 살찌우며 세상에 대한 애정에 깊이 감사드리게 되었습니다.

그러는 동안, 문득 여기저기 끼워 둔 내 글들이 떠올랐습니다. 나의 희망, 그리움, 사랑, 안타까움 등이 나를 흔들어 깨울 때마다 서툰 글씨로 한 편씩 써 내려갔던 내 분신입니다. 내 삶의 자취, 아니 나 자신이지요. 나는 그들을 밝은 세상에 내보이고 싶다는 갈망이 솟아났습니다.

나에게는 문학을 비롯해 인생의 문제에도 도움을 주고 이끌어 주는 분이 계십니다. 부모님 때부터 알고 지낸 김학인 교수님을 시애틀에서 만나게 된 것은 행운이었습니다.

나는 그분께 내 마음을 털어놓았습니다. 이 흩어져 숨어 있는, 열심히 살면서 기록한 내 사랑의 흔적들, 이 변변찮은 글들을 세상에 내놓아도 되겠느냐고요. 답답할 때나 꽉 막혔을 때 길을 열어주고, 여기저기 천방지축일 때도 바로 잡아주신 그분은 적극적으로 도움의 손을 내밀어 주셨습니다. 나는 부끄러움을 뒤로하고 용기를 냈습니다.

세 번째 수필집은 나의 꿈이요, 내 삶의 증인이기에.

이번에도 깊은 뜻이 담긴 그림으로 수필집의 격을 높여 준 동생, 안형남 예술가에게 고마움을 전합니다.

특별히 정성을 다해 만들어 주신 『수필문학』사의 강병욱 대표님과 류진 편집국장님께 깊은 감사를 드립니다.

세 번째 수필집 출판과 계속 이어질 글쓰기는 서툴게 이어가는 내 노년의 삶을 위로할 것입니다. 오늘이 있기까지 동행해 주신 우리의 주인, 하나님께 감사와 영광을 올려드립니다.

2023. 11. 안문자

| 안문자 수필집 |

숲에 잠겨 꿈을 꾸다

3. 우리는 가족입니다

4. 활개 치며 가야 할 나그네외다

5. 살아 있는 해바라기

6. 바다 너머 띄우는 마음

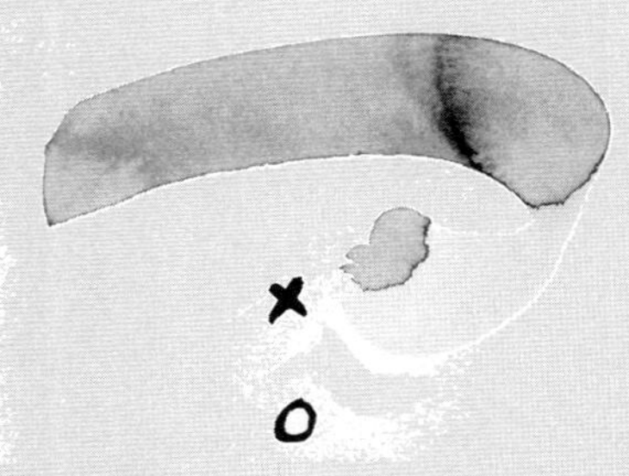

1

들국화와 선생님

숲에 잠겨 꿈을 꾸다

오월이다. 봄은 화사한 모습을 제대로 드러내지 못하고 꽃밭에서 들에서 산에서 저들끼리 즐기고 있다. 사람들은 처음 겪는 역병의 두려움과 공포 속에 갇혀 봄을 감상할 여유도 없이 불안한 눈길들을 멀리 서서 주고받는다.

누구를 탓하랴. 저마다 잘못한 일들을 반성해야 된다 하고, 자연을 멋대로 파괴한 인간들의 오만이 대가를 치르는 것이라고 탓한다. 부족함 없이 평온한 일상을 감사한 줄 모르고 지냈다며 고개를 숙인다. 인간은 이제라도 그 끝없는 탐욕을 멈추지 않으면 공멸할 것이라고 경고하는 큰 소리도 들린다. 그러다가 눈에도 보이지 않는 바이러스의 거침없는 횡포에 모두 죄인인 듯 기가 죽는다. 의기양양하던 인간은 아무것도 할 수 없는 무력함을 깨달으며 삭막해 가는 세상에서 하늘의 자비를 간구한다.

계절의 여왕이라고 칭송받던 오월은 느닷없이 맞닥뜨린 죽음과 고통을 짊어지고 얼마나 놀라고 힘겨웠을까. 그러나 오월은 '이 또한 지나갈 것'을 알기에 포기하지 않았다. 어둡고 비참한 지구촌의 슬픔을 감수하면서 연둣빛을 키우고 초록의 눈을 틔우며 주저앉은 사람들을 위로한다. 더욱 푸르러진 하늘은 힘내라고 속삭이고 훈훈한 꽃바람은 상한 심령들의 창백한 볼을 어루만지며 지나간다. 반짝이는 별들, 휘영청 밝은 달은 어둠 속에서야 빛을 볼 수 있다고 따뜻한 눈짓을 보내온다. 풀벌레의 미세한 움직임, 나뭇잎의 흔들림, 들꽃들의 작은 미소, 꽃잎 떨어지는 울림, 온갖 생명들의 소리가 의미를 담은 속삭임으로 이어지게 한다. 드디어 향기로운 꽃망울을 터뜨리기까지 받들어 주었으리라.

꽃들이 춤을 추기 시작한다. 환청일까? 까르르 웃음소리가 들리는 것 같다. 누가 말했더라? '천사들의 뺨 같은 꽃잎'이라고. 오월은 천사의 뺨 같은 청초하고 순결한 꽃을 아낌없이 피워낸다. 상냥한 여왕은 생명의 신비를 상처 입은 가슴 가슴에 선물하고 서서히 떠날 준비를 한다.

이른 봄비의 목욕으로 부드러워진 흙에서 고향의 숨소리가 들린다. 자연의 호흡을 느끼며 들숨 날숨을 함께 한다. 바깥의 아우성에 잠시 귀를 닫고 손바닥만 한 채마밭을 일구는데 열중한다. 돌을 골라내고 가랑잎도 털어낸다. 일그러진 잔디밭을 갈아엎고 텃밭을 늘리는 작업은 숨이 차다. 아이고, 허리야, 다리야, 투정하면서도 노동의 수고와 신성함을 만끽한다. 현대문명의 자투리로 쌓인 온갖 오염물질의 해독은 자연밖에 없다고 했거늘, 깻잎과 상추, 풋고추와 토마토를 심으며 내 얼룩진 마음을 헹궈낸다. '사랑이 없는 사람의 뜰에서는 꽃나무가 자라지 않는다.' 어디선가 읽은 기억이 난다. 서늘해진 가슴으로 소박한 뜰의 나무들을 살펴본다. 제법 초롱초롱 반짝이는 나뭇잎을 바라보며 그래도 사랑은 좀 있나 봐, 스스로 대견해 미소 짓는다.

어느 식물학자는 식물에도 생체의 리듬이 있다고 했다. 나무들이 연둣빛을 뿜기 시작할 때 귀를 대보면 물줄기가 흐르는 소리가 들린단다. 나도 봄의 기운을 얻고 싶어 나무 등에 귀를 바짝 대고 눈을 감은 채 소리를 기다린다. 물소리라기보다 어린 잎사귀들의 희망을 실은 가늘고 맑은 노랫소리가 귀를 간지럽힌다. 아, 가슴이 울렁거린다. 머지않아 찬란한 햇빛을 받아 내 작은 정원의 몇 그루 나무엔 풍성한 잎들이 날개처럼 팔락이며 기쁨으로 술렁거리리라.

오월의 속삭임은 하나같이 나직하고 겸손하다. 부드럽고 정답다. 나는 오월의 자연이 베푸는 큰 덕목을 터득하며 기뻐한다. 겸손, 온유, 오래 참음, 순결. 그렇다. 오월이 최고의 계절로 사랑 받는 이유는 겨울의 찬바람을 이겨낸 생명들이 흙이 빚어낸 꽃으로, 잎으로 어우러져 아롱진 축제를 보여 주기 때문일 것이다.

타샤는 말했다. 오월엔 초록의 들판에서 돌능금나무에 붉은 꽃이 피고 물망초와 수선화와 제비꽃이 핀다고. 오월의 신비를 찬양한 이가 어디 한두 사람이겠는가.

색채감각을 연구한 조영수 박사는 초록에 대해 이렇게 말한다. '맑고 깨끗한 초록의 힘은 평온과 젊음이다. 건강을 상징하고 마음을 안정시킨다. 또한 순수, 성장의 이미지를 나타내고 부활을 의미한다.(『색채의 연상』에서.)

착한 오월은 어린 녹색이 진초록으로 익어갈 몫을 유월의 햇살과 바람에게 넘긴다. 동동거리던 일상이 정지된 요즘 세상, '사회적 거리두기'로 사람들 사이는 멀어졌고 마스크로 가린 입은 말수를 줄게 한다. 세상이 관계로 이뤄진다면 삶은 즐거움을 많이 잃었다. 대신, 거리 두었던 자연과 친밀해져 새로운 눈과 귀로 창조물을 대하게 된 것은 내게 적잖은 소득이다. 지금 내 오월의 뜰에는 꽃과 푸성귀 그리고 초록 이파리들이 희망의 속삭임으로 사랑을 실어 나른다.

오월의 숲에 잠겨 꿈을 꾼다.

2020. 5.

해바라기

해바라기는 꽃 중에 제일 크다. 키도 2~3m는 되리라. 하얀 화병에 여러 송이의 해바라기가 노랗게 피어 있다. 마치 고흐의 「해바라기」 그림 같다. 고흐는 자신을 해바라기 그림의 대표 화가라고 생각하며 자기를 '해바라기 화가'라고 했다. 어쩌면 고흐는 해바라기가 발산하는 긍정적 에너지에 이끌린 것은 아닐까. 그의 해바라기 그림은 줄기의 높이, 색감과 꽃의 배치 등이 조금 다른 양상으로 런던과 무나치, 암스테르담, 도쿄, 필라델피아의 미술관에서 관객을 맞고 있다.(반고흐의 『아를, 16일간의 기억』에서)

아버지도 해바라기를 좋아하셨다. 우리는 어렸을 때 대구의 한 작은 교회 사택에서 살았다. 마당 한 귀퉁이에 몇 그루의 해바라기가 있었다. 아버지가 어느 여름날 해바라기를 바라보며 동시를 쓰셨다.

해바라기 시악씨/ 오늘 아침 왜 머리 숙였소/ 무얼 보고 부끄러워 머리 숙였소/ 오호 오호 나는 알지 곱게 단장한/ 햇님 보고 부끄러워 그러지/

해바라기 시악씨/ 햇님이 왜 부끄러울까/ 뭐가 뭐가 부끄러워 머리 숙였소/

오호 오호 나는 알지 곰보 따악지/ 둥근 얼굴 흉볼까 봐 그러지/

우리 형제는 해바라기를 바라보며 아버지의 친구 장수철 작곡가가 곡을 지은 이 노래를 재미있게 불렀다. 아버지는 젊은 시절 동화나 동시를 쓰는 친구들과 문학 모임을 만들었는데 '해바라기 모임'이라고 했다, 안성진 글, 장수철 곡으로 만든 노래집의 제목도 「해바라기」다. 그리고 아버지가 활동하시던 '기독교어린이문화관'에 '해바라기 합창단'이 있었다. 그래서 해바라기는 우리 가족과 특별한 관계를 가진 꽃으로 생각되었다.

전라북도 장읍 칠보면 '원백암' 마을에 '고창학원 농장'이 있다. 이곳엔 여름부터 가을까지 광활한 대지에 무리 지어 피는 해바라기밭이 있다. 8월의 강렬한 태양 아래 해바라기가 절정에 이를 때면 노란색이 물결처럼 넘실거릴 테니 얼마나 황홀할까. 그곳에 가 있는 꿈을 꾼다. 나는 노란 꽃바다로 살금살금 들어갈 거야. 해를 향하던 해바라기들이 일제히 키가 작은 나를 보며 술렁거리겠지. 꽃들은 저들끼리 키득거리다가 나에게 말을 걸어올지 몰라. "꽃을 좋아한다고? 해바라기 좀 줄까?" 나는 너무 좋아 금세 노랗게 물이 들어 버리겠지. 남편은 갑자기 사라진 나를 찾을 거야. "안문자, 안문자 어디 있어?" 두리번거리다가… 그렇지. 휴대전화가 울리겠지 뭐. 노랗게 물든 나를 보고 얼마나 놀랄까? 상상만 해도 재미있어서 실실 웃다가… 퍼뜩 생각이 났다.

"하나님께서 세상을 다 만드시고 흐뭇한 표정으로 정원을 휘 둘러보셨다. 한구석에서 키다리 식물이 울고 있지 않은가. 놀란 하나님께서 까닭을 물으셨다지. 키다리는 말했어요. 하나님, 저는 아무짝에도 쓸데없는 키다리 풀입니다. 꽃도, 꿀도 없으니 나비와 벌이 오지 않아요. 물론 열매도 없으니 노래 부르는 새들도 거들떠보지도 않아요. 나는 남을 위해 아무것도 줄 게 없고 아무 일도 할 수 없으니 너무 슬퍼요. 가엾게 바라보시던 하나님께서 말씀하셨지요. 오, 그래? 난 네가 늘씬한 키로 다른 꽃들을 내려다볼 수 있어서 행복한 줄 알았구나. 하나님께서는 기뻐하며 남을 위해 자기의 모든 것을 주고 싶어 하는 키다리 식물에 선물을 주셨다네요. 너는 삶의 뜻을 충분히 알고 있으니 기특하구나, 이제부터는 황금빛 관을 쓰고 태양처럼 빛나거라. 조그만 태양이 되거라. 너의 꽃봉오리엔 꽃가루와 꿀이 가득하여 벌과 나비가 오고 둥근 얼굴 중심으로 수백 개의 씨를 품게 하리라. 너를 반기며 새들이 올 것이다. 이제부터 너를 '해바라기'라 부르겠노라."

아, 이토록 예쁜 해바라기의 전설은 『고도원의 따뜻한 이야기, 아흔아홉 가지』에 있다.

해바라기는 중앙아메리카가 원산지이고 국화과다. 꽃말은 동경, 숭배, 의지, 신앙이란다. 해바라기는 자기의 것을 다 주면서도 언제나 활짝 웃는다. 기쁨을 주는 해바라기꽃. 작은 태양인 해 꽃. 행복한 꽃, 영광의 색인 노란 꽃, 해를 향하다가 저녁엔 고개를 숙이고 기도하는, 꽃말대로 거룩한 꽃이다. 고소한 해바라기씨의 효능은 동의보감도 인정한다. 몸이 찬 사람에 좋고 면역력을 키우고 폐와 간을 보호하고 콜레스테롤도 줄여준단다. 비타민 A, E, 심장보호, 종양 생성도 예방한다니 얼마나 고마운가.

가진 것 다 주면서도 늘 부끄러워하는 겸손한 해바라기는 기특한 꽃이다. 불타는 사랑으로 해만 바라보는 해바라기의 변함없는 마음이 눈물겹다. 해를 닮아 노랗게 빛나는 해바라기의 꽃잎들은 기쁨이다. 아, 나도 착한 해바라기처럼 살고 싶다.

2023. 8.

들국화와 선생님

보라색 들국화가 애잔하다. 꽃구름처럼 어울려 피어오른 꽃들은 송이마다 이슬까지 담고 있어 마치 김 선생님의 부고(訃告) 소식을 슬퍼하는 것 같다. 김 선생님이 꺾어 주셨던 한 아름의 보라색 들국화도 고개 숙인 듯 떠오른다.

대학을 졸업하고 기독교 여성단체에 취직이 되었다. 내 책상 맞은편에 앉아 계시던 김 선생님은 중년의 자그마한 키에 약간 네모진 얼굴로 인고가 배인 인상을 애써 지우듯 따뜻했다. 나는 낯선 환경에 적응하느라 그분을 의지하며 따랐다. 까닭에 우리는 나이 차이를 잊고 금세 친해졌다.

선생님은 결혼 6년 만에 아이 넷을 낳고 이혼을 하셨단다. 고만고만한 아이들을 혼자 키우며 고달팠으련만 내색 안 하고 늘 웃으시니 선생님의 아픔을 읽을 수 없었다. 남편은 산

부인과 의사로 배우같이 멋졌다고 했다.

E대학 가정과에 다니던 재주 많고 똑똑한 처녀에게 중매가 들어왔다. 한눈에 반해 졸업을 앞두고 덜컥 결혼을 했는데 남편이 멋스럽고 준수한 용모 때문이었을까? 어느 카페의 화려한 여자와 딴 살림을 차렸다지 아마. 지금은 이도 저도 다 버리고 스위스란 나라로 가서 혼자 살고 있는 괴짜라고 웃으며 이야기하셨다. 그때만 해도 스위스란 나라가 굉장히 아름다운 곳이라고만 알았지 한국 사람이 그곳에 산다는 이야기는 생소했다.

내가 일을 시작한 지 얼마 안 되어 200여 명의 여학생과 광나루 신학교에서 컨퍼런스를 개최했는데 김 선생님이 몇 접의 오이지를 맛있게 담가 주셨다. 심심하면서도 오독거리는 고소한 오이지는 대회가 끝날 때까지 학생들이 즐겨 먹었다. 아삭아삭 씹을 때마다 입안에서 소리 나는 선생님의 오이지는 어느 행사에서나 인기를 끌었다고 했다. 지금 그 맛을 떠올리고 있자니 군침이 고인다.

아, 그렇지. 내가 결혼할 때 꽃장식과 함께 부케를 만들어 안겨주며 "안문자 선생, 예쁘게 살며 행복하세요." 속삭이며 눈물을 글썽이시던 미소도 잊을 수 없다.

어느 날, 선생님의 얼굴에 평화가 사라졌다. "이봐, 안 선생, 사는 게 왜 이렇게 힘이 들지? 나에게 가장 큰 문제는 나와의 싸움이야. 남편을 잊고 잘 견디다가도 한순간에 배반하고 돌아선 그가 떠오르면 미움을 통제할 수가 없어.” 힘든 일이 있을 적마다 울컥 올라오는 감정에 휩싸인단다. 아이를 넷이나 남겨두고 사라진 그를 용서할 수 없어 매일 기도하며 마음의 평화를 구하려고 노력하건만. 선생님은 아무 말도 못하고 있는 나를 바라보며 씁쓸한 웃음을 머금는다.

그러던 어느 날, 그 남편을 만났다는 흥미로운 이야기가 떠돌았다. 직원들이 아우성치며 선생님 앞에 모여들었다. 빙그레 웃음 짓던 그분, “독일에 있는 딸의 주선으로 그가 살고 있던 산골짜기의 통나무집에 갔었어. 마음의 동요는 없었고 그저 담담한 게 뭐, 그냥 옛날에 알던 사람을 만나는 기분이었어. 사냥이 취미라나. 사냥총이 여기저기 걸려 있고 이상한 생활을 하고 있더군. 아이들을 훌륭히 키우느라고 고생했을 터인데 고맙구려. 그 한마디뿐이었어. 그래서 위로를 받았다고 해야 할지. 그게 끝이야.” 우리들은 “에이~” 아쉬운 소리를 내며 김이 샜다. 다시 뭐 어떻게 안 되나? 하던 기대가 싱겁게 되었기 때문이다.

남편을 이미 용서하고 만났기에 미움은 없었고 불쌍하기만 했다며 그를 위해 기도한다고 하셨다. 호기심에 찼던 젊은이들은 그만 숙연해지고 말았다.

몇 년 후, 외로웠던 그 남자가 병으로 사망했다는 소식이 왔다고 들었다.

우리는 이민 후, 30여 년이 되도록 성탄카드를 거른 적이 없다. 그러나 세월은 무심하고 냉정했다. 어느 해, 선생님의 카드는 나의 가슴을 서늘하게 했다. 관절염 때문인지 여기저기 병이 생겨 더 이상 자유롭게 다닐 수가 없다고 간신이 쓴 것 같은 필체의 카드가 왔다.

안문자와 즐겁게 나누던 크리스마스카드의 사랑을 내가 배반하게 되었구려. 답장이 없으면 정신이 없거나 하늘나라로 갔다고 생각해요. 조용히 하나님의 부르심을 기다리고 있어요.

아, 다정한 사연으로 가득 찬 선생님의 카드는 더 이상 오지 않았다.

선생님은 삶의 아픔을 믿음으로 승화시키고 용서와 감사로 충만한 나날을 보내셨다. 눈물로 키운 네 자녀의 효도 속에서 행복한 노년의 삶을 누리셨고 마지막까지 하나님과 동행하며 비바람 속에서도 제 몫을 다하는 들국화처럼 살다 가셨다.

나는 지금, 김 선생님의 부고 소식을 듣고 들국화 사이로 환히 웃고 계시던 선생님이 그리워 숱한 추억을 담은 카드를 하나씩 열어본다. 하얀 꽃다발을 안겨주며 "안문자 선생, 예쁘게 살며 행복하세요." 그 속삭임은 시애틀의 보라색 들국화 속에서도 들려왔다. 나도 꽃들의 눈물을 보며 화답한다.

"김순갑 선생님! 고마웠습니다. 이제는 보라색 들국화가 지천으로 피었을 하늘나라에서 편히 쉬세요."

2018. 10.

부차드 가든

이민 오기 전 가족들이 부차드 가든을 여행하며 찍은 사진들을 보내주었다. 천당이 꼭 이럴 거란 생각이 들었다. 우리는 시애틀에 오자마자 첫 번 여행이 그 꽃동산이었고 또, 또 가곤 했다. 누구나 마찬가지겠지? 꽃을 좋아하는 것 말이다. 나는 꽃을 너무 좋아해서 '꽃 좋아하는 문자야!'라고 부르는 친구도 있다. 아이들이 어렸을 때 꽃이 많은 곳에 가면 '엄마, 꽃하고 사진 찍고 가야지?' 했다. 귀찮을 때면 '에이, 또 꽃이네. 엄마 사진 찍어야지.' 하기도 했다. 시애틀에도 꽃이 많지만 눈 가는 곳마다 온 천지가 꽃뿐인 곳은 부차드 가든, 아마 그곳이 최고일 것이다.

캐나다의 밴쿠버 빅토리아섬에서 가장 아름다운 부차드 가든, 입구에서부터 환성이 터진다. 100여(1904) 년 전에 부차드라고 하는 남자가 사랑하는 부인 제니에게 조그만 정원을 선물했다고. 그 후 부차드 일가는 시멘트 사업 후에 황폐해진 석회암 처리장을 기름진 땅으로 만들고 여러 종류의 꽃식물을 가꾸기 시작했다는데 조그만 정원을 시작으로 지금은 55에이커의 꽃동산이 되었다고 하니 후손들의 마음이 얼마나 갸륵한지, 경이롭다.

꽃들은 삼월부터 시월까지 이백만 송이 이상이 피고 진다. 매년 세계 곳곳에서 백만 명 이상의 관광객들이 끊임없이 몰려와 잔잔한 파도의 꽃물결을 바라보며 감탄사를 쏟아낸다. 그뿐인가, 밤마다 은은하게 발하는 신비한 불빛 속에서 음악회가 열리고 토요일마다 펼쳐지는 웅장하고 예술적인 불꽃놀이로 황홀한 신음 소리가 꽃동산을 흔든다.

그렇다면, 일월부터 삼월까지, 겨울에도 꽃이 피려나? 물론이다. 온실 속의 온갖 꽃들은 싱싱하게 피어나 꽃 숲을 이룬다. 눈보라 치는 겨울에도 쉬지 않는다. 하얗게 쌓인 눈을 헤치며 크리스마스의 장식과 함께 오색찬란한 수천 개의 꼬마등이 쏟아지는 별처럼 반짝이고 있다. 이토록 빈틈없는 기획으로 그곳은 일 년 내내 연중무휴다. 삼 대째 내려오는 부차드 일가, 그 후손들의 효도와 가족들이 뭉쳐진 정성이 얼마나 고귀한지. 가업을 귀히 여기는 형제들의 사랑과 이백 명이 넘는 관리인들의 손길에 고마움과 존경의 마음을 보낸다.

이 우주, 이 자연 속에서 사람이 만든 상상할 수 없는 창조력은 하나님의 축복일 것이다. 정성이 깃든 수고는 사람들에게 아름다움을 선물한다. 이것이 나눔의 기쁨이 아니고 무엇이랴.

수만 가지 꽃들의 표정에 눈이 부시다. 꽃들의 숨소리도 들리는 것 같다. 코끝에 간질거리는 가득한 향기를 마시고 있자니 꽃들이 아우성치며 몰려오는 것 같아 어지러워진다.

"꽃들이 너무 많으니까, 너무 예쁘니까 어지러워진다. 그치?"

우리는 휘청대며 꽃 벤치에 앉는다. 요정 같은 작은 군악대가 뚜 따따, 뚜 따따 흥겹게 지나가고 평화로운 여행객들은 꽃물 든 분홍빛 얼굴로 일제히 웃는다.

나는 꽃이에요/ 잎은 나비에게 주고/ 꿀은 솔방울에게 주고/ 향기는 바람에 보냈어요/

그래도 난 잃은 게 하나도 없어요/ 더 많은 열매로 태어날 거예요/

김용석 시인의 시를 떠올리며 소박하면서도 고운 친구와 함께 꽃과 꽃 사이를 하루 종일 누볐다. 꽃 달린 모자를 쓰고.

아들과 이름이 같은 남편의 친구는 재미있는 표정으로 못을 박는다. "어머니, 아무개 아들이 대접합니다. 하하하" 바다가 출렁이는 호사스러운 레스토랑에서 우리는 어린아이같이 앞치마를 목에 걸었다. 새빨갛게 익은 랍스터를 깨지 못해 쩔쩔매며 또 까르르 웃는다.

문득 하늘을 메우며 흘러가다 멈춘 주홍색의 노을을 바라보고 있자니 괜스레 가슴이 서늘해지며 쿵쿵 뛴다. 우리들이 걸어가야 할 황혼의 시간을 느꼈나? 잔잔한 바다와 붉은 노을이 지평선에 하나가 되어 황금 물결로 반짝이고 갈매기 한 마리 황혼에 입 맞추듯 재주를 부리며 쏜살같이 날아간다. 마치 조나단인 것처럼.

여행을 마감하며 아쉬운 마음으로 나는 친구에게 주전자를 폭 감싸는(물이 식지 말라고) 수예품을, 그녀는 나를 위해 분홍장미가 가득 핀 두 개의 찻잔을 샀다. 차를 마실 때마다 서로 기억하자는 마음을 알아차렸나? 우리는 행복하게 웃었다.

어느 한구석 버릴 것이 없는 아름다운 섬, 빅토리아! 수 없이 주렁주렁 매달려 있는 꽃 덩어리들, 눈이 가는 곳마다 낭만의 극치… 꽃, 꽃, 꽃!

영국을 상징하는 빨간 버스와 고풍스러운 건물들을 뒤로하고 자동차가 수도 없이 들어가는 거대한 페리 속으로 올라오니 텅텅 비었다. 못다 푼 이야기보따리와 웃음 보따리를 풀어헤치고 있는 동안 어느새 잔잔한 항구, 아나코티스의 불빛이 우리를 향해 반짝이며 다가오고 있었다.

아, 즐거웠던 꽃 여행은 우리 부부의 마음 밭에 또 한 그루 우정의 꽃나무로 심어졌다.

2011. 8.

코스모스를 보내며

시애틀에선 집 구경보다 그 집 정원을 돌아보는 일이 더 즐겁다. 담장이 없는 단독주택들은 저마다 아름다운 정원을 가지고 있다. 어떤 정원들은 마치 작은 공원 같다. 하루 종일 사람을 만날 수 없는 고요한 평화스러움도 처음엔 신기했다. 정원사가 만들어 준 틀에 부지런한 주인의 손길로 다듬어진 정원은 눈에 띈다. 장식 나무로 된 고상한 정원, 잔디는 푸르게 빛나고 주변에는 온통 꽃으로 꾸며진 화려한 정원도 시선을 끌기에 충분하다.

어느 집 정원 한 귀퉁이에 색색의 코스모스가 만발하다. 틀림없이 한국 사람의 집일 게다. 진분홍, 연분홍, 꽃분홍, 하얀색의 짙고 옅은 꽃송이들이 귀엽게 나부낀다. '여기에도 우리가 있어요. 우리도 이민 왔어요.' 하는 것 같다.

순간 엄청나게 큰 코스모스 다발을 안겨 주었던 친구의 얼굴이 꽃송이들 사이로 아련히 떠오른다. 그녀의 결혼식에 가지 못한 나는 벼르고 벼른 끝에 신혼의 그를 찾아 나섰다. 가을풍경이 온 천지를 물들이던 코스모스의 계절이었지. 새댁은 뒷동산에 갔단다. 주인이 가르쳐 준 셋방살이 신혼 방의 소꿉장난 같은 살림살이들을 들여다보고 있는데 그가 돌아왔다. 타는 듯 붉게 물든 노을을 뒤로한 채 코스모스를 가득 안고 들어서던 친구가 깜짝 놀라며 눈이 똥그래진다. 남편은 출장 중이란다. 마음 놓고 된장찌개를 먹고 대추차도 마셨다.

뒷동산에 가면 코스모스가 지천으로 피어 있단다. 해마다 코스모스는 아무도 보아주지 않는데도 저희들끼리 피고 지며 신이 난다고. 그런데 자기는 그놈의 코스모스를 모조리 꺾어 버리고 싶단다. "아니, 왜~?" 놀라서 묻는 내게 친구는 심정을 털어놓는다. 첫사랑 같은 건 절대로 없다고 손사래 치던 남편이었다.

그러나 숨겨 둔 일기장에 첫사랑의 비밀이 있었다나. 첫사랑은 이해하겠으나 지금까지 잊지 못하고 있다는 것이지. 게다가 코스모스를 닮은 가냘픈 첫사랑의 여인은 코스모스를 아주 좋아한다고. 속은 것 같은 마음을 달래려고 뒷동산에 올라가니 코스모스들이 자기를 비웃듯 춤을 추고 있었다네. 예쁘기도 하고 얄밉기도 해서 정신없이 꺾었는데, 버릴 수도 없고, 꽂아 놓자니 남편이 첫사랑을 떠올릴 테니 말이다.

그는 후후후 웃으며 "마침 잘 됐다. 옜다, 너나 가져가라." 꽃다발을 던지듯 나에게 안겼다. 나는 좋아라, 푸대접 받던 코스모스를 덥석 안았다.

아, 이제는 볼 수 없는 착한 여자. 열심히 살았건만 남편의 사업이 몇 번이나 곤두박질했다. 빈털터리로 부인과 아이들을 남겨둔 채 쫓기듯 미국으로 갔다. 남편의 영주권을 기다리던 10여 년의 세월을 아무도 모르게 숨어버린 친구는 어디서 어떻게 살았는지 알 수가 없었다. 가난 속에 심신이 지친 친구의 병이 시작될 때 가정이 합쳐졌다는 소식을 들었다. 겨우 연결이 된 우리는 같은 미국의 하늘 아래 있었지만 만나지 못했다. 서로 그리워하며 몇 번의 크리스마스카드를 주고받다가 끊기고 말았다.

한 참 세월이 흐른 후, 한 친구로부터 슬픈 전화가 왔다. "아무개가 세탁소에서 일하다가 쓰러졌대. 간경화가 암이 되었다지 뭐야." 그 친구는 이렇게 우리 곁을 떠났다. 그 후 코스모스는 내게 그리움이요, 아픔이었다. 섭섭한 소식은 육 개월 후에 또 왔다. 이번은 흥분한 목소리다. "아무개 남편 재혼했단다." 친구는 계속해서 죽은 사람만 불쌍하다고 부르짖고 있었다. 깊이 묻힌 설움을 하나님께 쏟으며 가족사랑 잃지 않으려고 애쓰다가 결국 말을 잇지 못하고 울먹였다. 이별의 끝은 언제나 이렇게 허망한 것일까.

신이 꽃 중에 가장 먼저 만들었다고 전해오는 코스모스!

한국이 고향인 줄 알았는데 멕시코가 원산지란다. 억센 멕시코에서 이토록 가냘픈 꽃이 우리나라에 태어났다니. 1910년 외국 선교사가 씨를 가져와 파종했다고 한다. 꽃이 지면 그 자리에 씨가 떨어져 다음 해엔 더욱 풍성하게 피고 지는 국화과의 꽃이다. 꽃말은 '소녀의 순종'이란다. 마치 친구의 일생을 말하는 것 같다.

코스모스들이 속삭인다. 우리는 산골짝에도 있어요. 없는 곳이 없어요. 아무도 봐주지 않는 곳에도 있어요. 우리는 사람들을 위해 이렇게 예쁜 색으로 피우지요. 어디에서든지 나의 색을 잃지 않고 싱싱하게 피워내면 누군가가 위로받을 거예요. 꽃송이들은 미풍에 한들거리며 일제히 나를 바라보며 미소 짓는다.

분홍빛 노을이 살며시 내려와 꽃들을 감싸 안으니 마치 기도하는 것처럼 꽃송이들이 고개를 숙인다. 한 아름의 코스모스를 건네주며 피어나는 향기로 웃던 착한 그녀를 위함인가.

어느새 찬바람이 불어온다. 이제 코스모스를 보낼 때가 되었나 보다. 설움도 아픔도 모두 걷어 가거라. 그리고 이듬해엔 더 맑은 얼굴로 가을 햇살 끌어안고 살랑살랑 춤을 추며 다가오는 그 모습을 기다려야겠다.

2007. 11.

숲에서 배우는 삶

– 『카라마조프 형제』를 다시 읽으며

오월에 피어나던 꽃들의 향연에 유월의 연초록 숲이 물결친다.

말씀으로 지어진 세상의 만물은 오늘도 새롭다. 뜰에 서서 향긋한 공기를 흠뻑 들이켠다. 유월의 숲은 가지들이 끊임없이 밀어 올리는 수액으로 풋풋하고 싱그럽다.

내 마음 안에도 아늑한 숲이 있다. 결혼 40여 년 만에 얻은 아주 작은 나의 서재! 메말라 흐려진 정신을 어루만져 주고 정결케 하는 작은 숲. 꽂혀 있는 책들은 맑은 샘물이 되어 메마른 마음을 촉촉이 적셔준다. 컴퓨터는 말하고 프린터는 화답한다. 책 읽고, 글 쓰는 나의 작은 방. 삶의 기쁨이 넘실거리는 숲은 날이 갈수록 푸르다.

중앙에는 성경책이 있고 훌륭한 분들의 책에는 신학, 철학,

예술, 문학이 살아 숨 쉬는 책들이 있다. 손을 뻗으면 문우들의 시집과 수필집이 잡힌다. 추억이 담긴 앨범도 있구나. 아, 우리의 젊음이, 중년이, 노년이 고스란히 살아 있는 방. 그리운 부모님의 사랑이, 평생의 행복인 내 가족과 형제와의 역사도, 새로 태어나 자라는 손자들의 사진도 벽에 가득 걸려 나를 보고 웃고 있는 축복의 숲!

이 작은 방의 책들은 서로 사랑하며 감사하는 법을 가르쳐 준다. 인생의 행복을 느끼는 지혜도 알려 준다. 우리의 삶 속에서 무엇이 필요하고 무엇이 중요한 것도 묻고 답해 준다. 사람과 사람 사이의 마음을 여는 방법, 칭찬하고 용서하고 위로하는 사람이 되라고 이끌어 준다. 정신과 생각이 얼룩지지 않으려면, 감수성이 녹슬지 않으려면 나를 읽으라고 책꽂이의 책들이 조용히 속삭여 주기도 한다. 이미 읽은 책을 다시 펴 든다. 언제 읽었지? 마지막 페이지에 적혀 있는 읽은 해와 날짜를 확인한다. 무슨 내용이었나? 생각이 안 난다. 그러나 밑줄 친 문장에서 희미하게 기억이 되살아난다. 아, 그렇지. 다시 읽어야겠구나. 그래서 책들은 버릴 수 없어. 어떻게 이 귀중한 진리를 정리한단 말인가?

고도원의 아침 편지에 「책을 읽는 사람들」이란 메모가 있다. "책을 읽는 즐거움은 여러 가지가 있는데 그중에서도 '오호라' 하며 마음속에서 놀라운 탄성을 지를 수 있게 하는 한 구절을 만났을 때의 기쁨이 가장 크지 않을까?"라고. 밑줄을 그어 놓은 걸 되새김질하며 '오호라' 나도 솟구치는 환희를 경험한다.

문득 생각난다. 『카라마조프 형제들』이. 이 순간 왜 그 책이 떠올랐을까? 대학생 때 읽었던 책이다. 러시아의 위대한 문호 도스토옙스키의 마지막 작품이지 아마. 러시아인들의 고뇌와 애환을 그린 소설. 세상을 용서하고 사랑하는 내용으로 기억되는데… 맨 마지막 장면에선 눈물 나는 감동으로 소름이 돋았다. 그 옛날, 이 책을 읽은 감격이 가시지 않았을 때, M 교수님께서 느닷없이 『카라마조프 형제들』의 마지막 장면을 이야기하셨지. 그분은 지금 잘 계실까? 교수님이 느꼈던 감동이 그대로 공감되어 와 혼자 전율했던 기억이 떠오르자 다시 읽고 싶어지는 책이다.

하루도 빠짐없이 서울에 있는 친구 S의 카톡을 받는다. 나는 염치없이 받기만 한다. 아름다운 시, 꽃, 감동스러운 동영상, 음악 연주, 유명 화가의 그림들. 하여, 우리는 같은 하늘 밑에 사는 것 같다. 나는 아무 생각 없이 『카라마조프 형제들』을 다시 읽고 싶다고, 책을 다시 사야 하나? 그녀에게 말했다. 어? 이게 웬일인가? 며칠 후 비행기로 책이 왔다. 내 이야기를 듣고 그녀는 당장 '교문사'로 달려간 모양이다. 나는 너무 기뻐서 두 권의 책을 안고 눈물이 핑 돌았다. 와~ 이토록 방대했던가? 1, 2권 합쳐 무려 1,175페이지라니. 송료도

만만치 않았을 것이다. 책 읽는 친구, 청순했던 시절에 YWCA에서 만나 오늘까지 그리워하며 마음이 통하는 평생의 친구는 이름도 신선한 '신선!' 고마운 그 친구는 지금 무슨 책을 읽고 있을까?

나는 그 옛날, 읽기를 마감하며 조금 울었던 이 책의 마지막 장면이 급해 먼저 읽어본다. 죄 많은 이 세상을 끝없이 용서하고 받아들이는 그리스도의 사랑을 묘사한 아름다운 결론을. 젊은 시절의 감동이 다시 살아나듯 친구의 이름처럼 신선한 숲의 향기를 마시며 가슴이 뻐근해 온다. 영혼과 인간성을 파헤친 책, 사람들의 내면에서 싸우는 선과 악을 통해서 인간과 신 사이를 연결해 주는 위대한 이 대하드라마는 무디어 가던 나의 정신에 새로운 활력을 부어 줄 것이다.

찬 한잔을 들고 남편이 들어온다. 늘 하던 대로 찻잔을 책상에 놓고 슬그머니 내 책장을 바라보다가 이 책 저 책을 뽑아 살핀다. 방주인, "돈 내고 빌려 가세요." 손님, "이층으로 올라와요, 내 책과 바꾸어 봅시다. 뭐." "핫하하하." 그가 크게 웃는다. 책을 사랑하는 남편도 역시 40여 년 만에 자기 방을 차지했다. 남편과 아내는 각각 자신의 숲을 따로 가꾸고 있어 행복하다. 자정이 넘은 고요한 이 밤에 실없는 대화가 즐겁다.

2023. 6.

여름 가고, 가을 오네

여름이 가고 있다. 시애틀은 8월이 끝나기도 전에 가을은 이미 와 있는 기분이다. 쓸쓸한 바람이 우수수 옷깃을 스치게 되면 속절없이 흘러가는 세월을 실감하며 괜스레 조급한 마음이 된다. 아까운 한 해의 절반이 흔적 없이 사라졌기 때문이다. 가을 물에 젖어가던 잎들은 한둘, 떨어질 태세고 뒷마당 사과나무엔 분홍빛 사과들이 애쓴 흔적을 남기며 익어간다. 무상으로 주시는 가을빛 달게 받으며 천방지축 덤벙대던 무질서를 식혀야겠다.

한 지인이 이웃이 주었다며 텃밭에서 딴 애호박과 끝물 고추를 나누어 먹잔다. 기름이 자르르 흐르는 연두색의 호박과 파란 고추가 다정하게 웃는다. 그러나 열매의 향기보다 나눔의 마음이 더 향기롭다. 나누어 주신 분의 후덕한 미소를 떠올리며 텃밭에서 호박과 고추를 땄을, 알지 못하는 분에게도 감사의 마음을 보낸다.

마당 넓은 집에서 피고 지는 꽃들과 함께 채소를 가꾸는 S 수필가의 글이 떠오른다. 그녀는 아침에 일어나자마자 가는 곳이 텃밭의 배추밭이란다. 꽃밭을 거닐 듯 아침 햇살에 빛나는 배추를 세다 보면 배추가 꽃처럼 예쁘다고. 매해 농사지은 배추로 김장을 담근다. 김치는 자연과 흙을 사랑하는 농부들에게는 하늘이 내려준 선물이며 김치를 예술이라고까지 말한다.

어느 시인은, 들키고 싶지 않은 속 이야기도 배추밭에선 다 쏟아 놓는다고 읊었다. 모두 자연을 찬양하는 마음일 게다. 여름의 수고는 가을의 기쁨이다. 텃밭에서 꽃처럼 피고 있을 예쁜 배추를 그려보다가 문득 달콤했던 무의 맛이 떠올랐다. 혼자 킥킥 웃다가… 그렇구나. 바로 이맘때였어. 첫 아이를 가졌을 때였지.

뚝섬이었다. 아, 봉원사로 가는 길이었구나. 넓디넓은 무와 배추밭이 끝이 없던 그곳엔 김장을 위한 무들이 실하게 자라고 있었다. 그해 여름, 나는 무청이 달려 있는 여린 무의 맛 때문에 정신이 없을 때였다. 달짝지근한 무맛의 향기가 바람결에 감겨왔다. "어머나, 이 예쁜 무 좀 봐!" 밭이랑을 가르며 가지런히 자라고 있는 새파란 무청 아래로 연둣빛 물이 살짝 든 작은 무들이 세상 구경을 하고 싶은 것처럼 빼꼼, 흙을 밀고 올라와 있었다. 나는 못 견디게 먹고 싶어 밭 앞에 우뚝 서서 주위를 둘러본다. 물론 아무도 없다. 살살 가을빛을 숨긴 다정한 바람만이 살짝궁 무잎을 건드리며 오고 갈 뿐. 참다못한 나는 제법 큼지막하게 솟아오른 녀석 하나를 쑥 뽑았다. 흙을 털고 손톱으로 껍질을 벗긴다. 물기가 촉촉한 속살이 반짝인다. 매끄럽기로는 달걀의 흰자위 같다. 와락, 베어 먹는다. 사각사각 소리가 난다. 시원하고 달다. 한 개를 순식간에 먹어치웠다. 엉거주춤 서서 어이없이 바라보던 남편은 야단이 난 표정이다. 또 먹고 싶어 안달이 난 내 웃음 때문이다. 염치없이 또 한 뿌리 쓱 뽑았다.

앗, 그때다. "여보세요, 왜 남의 무를 뽑아요." 제법 앙칼진 여자아이의 목소리다. 멀리 언덕에 있는 초가집 마루에 당당한 꼬마가 장승처럼 서 있다. 당황한 남편의 얼굴이라니. "이 여자가 임신을 해서 그러니 한 번만 봐 주세요." 할 수는 없으니까. 나는 또 무슨 용기였을까? 생뚱맞게, "무 좀 파세요." "안 팔아욧." 꼬마 소녀는 아마 째려보고 있었을 게다. "그럼, 김장철에 올게요. 무가 맛있네요." 그제야 장사꾼이라고 생각했는지 횡하고 들어가 버린다. 우리는 김장거리 장사 흉내를 내고 있었다. 가슴이 두근거렸다. 에라, 모르겠다. 나는 줄행랑. 남편은 뒤에서 웃을락 말락 생각이 많다. 꿀물 오른 수박, 참외, 복숭아 다 마다하고 왜 어린 무만 먹고 싶었을까? 다정스럽게 청청하던 무청들의 파도와 함께 그때 우리는 한여름의 녹음처럼 푸르렀다. 무섭던 꼬마에게 미안했다고 말하고 싶건만…. 잠시, 회개한다.

아, 그리운 고국의 여름도 가고 있겠지. 넘실대던 무맛의 향기와 새파란 무청이 여물어 가던 청춘의 가을! 그 신비롭던 푸르름은 아직도 그곳에 있으려나?

제 몫을 다 하던 여름 햇살이 시애틀의 여름을 업고 사라지고 있다. 자꾸만 오늘이 가고 내일이 온다. 충전됐던 햇살은 약속된 희망을 안고 조용히 쉼을 누릴 기세다. 촉촉하게 내리는 시애틀의 비는 또 얼마나 낭만적인가. 가만히 여름이 간다. 그리고 조용히 가을이 온다. 떨리는 가슴으로 펄바하의 시, 『작은 것 안에 숨어 있는 하나님의 손길』을 읽는다.

> 하나의 조약돌에도/ 떨어져 구르는 가랑잎에도/ 한 조각구름에도/ 심지어 인간의 손으로 만들어진 모든 것에도/ 그분은 어디에나 현존하심을 보게 됩니다./ 그렇지 않다면 하나님은 어디에 계시겠습니까?/

2013. 8.

시금치

짙은 녹색 이파리가 살아 있다. 마켓의 시금치와는 비교가 안 된다. 실한 뿌리는 새댁의 연분홍 치마 같고 사방 뻗은 잎은 활짝 핀 꽃처럼 크고 탐스럽다. 흙을 씻어내고 연한 소금물에 살짝 데쳐 쌈으로 먹는다. 달짝지근한 맛, 고향의 봄 냄새가 난다. 상큼하게 혀를 자극하는 싱그러움은 눈 덮인 땅에서 겨울을 견디어낸 맛이다. 먼 곳에서 수고롭게 뜯어온 시금치 한 소쿠리를 받았다. 고맙고 반가움에 입이 벙긋해진다.

해마다 봄철이 되면 스카지트 카운티의 광활한 시금치밭으로 한인들이 떼를 지어 간다. 시금치 수확을 끝낸 밭 주인들은 그것들을 뿌리째 뽑지 않고 남겨둔다. 왜 시금치를 뿌리째 밭을 갈아엎지 않을까? 겨울 추위를 이겨낸 시금치의 달콤한 맛을 즐겨 먹는 한인들과 다른 아시안들의 입맛을 알기에 일

부러 남겨 놓는다고 한다. 이삭줍기 한인들은 주인들과 인사를 나누며 때론 선물도 준다고 신문에서 읽은 기억이 있다. 땅이 넓은 탓도 있겠지만 기독교 정신을 근간으로 세운 미국인들의 나누는 습관과 후덕한 인심이 축복받은 나라의 기초가 됐을 것이라 생각된다.

우리가 살고 있는 이곳은 시금치뿐만 아니라 계절 따라 풍성한 공짜 먹거리가 많은 곳이다. 산에는 자생하는 고사리, 버섯이 있고 바다에는 미역, 조개, 굴, 게, 오징어, 연어 등 자연산이 널려 있다. 땀 흘려 가꾼 과수원에서도 나눔과 배려를 경험한다. 과수원 주인들은 일정한 수확 기간에 적정 품질에 미흡한 열매들을 남겨두고 원하는 사람들이 마음대로 와서 따갈 수 있도록 문을 열어둔다고. 거저라고 해서 먹지 못할 만큼 욕심부려 따온 배, 결국 절반을 버렸다는 웃지 못할 이야기를 들은 적도 있다. 하긴 우리네 조상들도 감나무 꼭대기의 감 몇 개는 까치밥이라고 남겨두었다고 하지 않던가.

시금치 맛을 즐기는 순간 '하하하' 웃음이 터졌다. 기억도 가물가물한 어린 시절, 시금치를 훔치는데 공범자가 되었던 생각이 나서다. 한때 우리는 왕십리에서 살았다. 그때는 온통 논과 밭뿐인 시골이었다. 초등학교 6학년, 박꽃같이 예쁜 소녀인 병원집 딸 친구가 있었다. 고등학교와 교회도 같이 다녔고 우리 가족은 친구집 병원에 다녔다.

계절은 봄인데 그저 봄기운만 공기에 담겨 있던 어느 날

오후, 친구는 느닷없이 나물을 캐러 가잔다. 옳다구나, 바구니를 옆에 끼고 따라나섰다. 봄날이 더디니 오소소하게 추웠다. 삭막했지만 초가집 담에는 병아리 같은 샛노란 개나리가 우리를 반기듯 방긋거렸고, 비췻빛 새싹들은 언 땅을 가볍게 헤치듯 살며시 고개를 내밀고 있다. 표현할 수 없는 행복한 느낌이 내 가슴을 설레게 했던 경험도 있다. 멀 리 버섯모양의 초가집에선 이른 저녁을 짓는지 모락모락 연기가 가물거렸다. 봄 냄새인가, 소나무 타는 냄새인가 구수한 공기를 들이마시며 조그만 언덕을 넘어서니 푸르름이 다가온다. 시금치밭이란다. 구불구불 밭이랑이 늘어져 있는 시금치밭은 우리가 서 있는 남루한 땅과는 판이하게 싱그러워 보였다.

"아, 여기, 냉이가 있다. 와, 이건 쑥인가 봐." 제법 도톰한 봄나물들이 우리를 기다리듯 빤히 쳐다보고 있다. 쪼그리고 앉아 나물을 캔다. 여기 덥석 저기 덥석 한참 동안 조용하다. 땅은 딱딱하고 차다. 금세 손이 시리다. 바구니의 나물은 아직 초라하다. 친구는 손을 호호 불면서 드넓게 펼쳐진 시금치밭을 바라본다. 나도 바라본다. '시금치는 주인이 있는데 뭐.' 하는 순간 친구는 화닥닥 바구니를 옆에 끼고 시금치밭으로 뛰어 들어가지 않는가. "너, 왜 그래? 거긴 시금치밭이야. 빨리 나와." 나는 소리쳤다. "가만있어 봐. 조금만 기다려." 어? 그가 시금치를 마구 뽑아 바구니에 담는다. 드디어 싱글벙글 빨개진 얼굴로 가득 찬 바구니를 끼고 내 앞에 섰다.

나는 엉거주춤하며 여차하면 어디로 튈까, 두리번거리는데 그는 시금치를 듬뿍 내 바구니에 나누어준다. “자, 너도 가져가.” 하며. 이렇게 시금치 도둑의 공범자가 된 나는 엄벙대며 까마득한 꼬부랑길을 빠르게 걸었다. 어디에선가 불쑥 주인이 나타나서 요놈들, 하며 잡을 것 같아 조마조마했다. 대문을 들어서자 살금살금 두근거리는 가슴으로 시금치 바구니를 마루 밑에 숨겼다.

다음 날 학교에서, “너 야단 안 맞았니? 시금치 말이야.” 나는 소곤소곤 물었다. “히히히, 걱정 마. 그 시금치밭 우리 친척네 거야. 맛있게 국 끓여 먹었다 야.” 여전히 의기양양이다. 정말이지? 묻고 싶었지만 묻지 않았다. 마주보며 깔깔깔 웃는 것으로 공범은 끝났다. 귀여운 개구쟁이. 지금 그 친구는 소아과 의사다. 박꽃 같은 하얀 얼굴에 장난꾸러기처럼 생글거리던 모습이 떠오른다.

봄은 어느 날 갑자기 세상이 밝아지듯 찾아온다. 꽃망울 터지는 소리에서 만물의 오묘한 조화를 듣는다. 긴 겨울 언 땅에서 꿋꿋하게 생명을 지키며 단맛을 키워온 시금치에 사랑을 담아 이웃에게 전하면 감사하는 마음으로 이어져 세상은 조금씩 아름다워지는 것이지. 눈으로 말하며 달콤함이 듬뿍 배어 있는 시금치를 초고추장에 찍어 한입에 넣는다. 시금치의 풋풋한 생기엔 신비한 사랑의 손길이 숨어 있었다.

2005. 5.

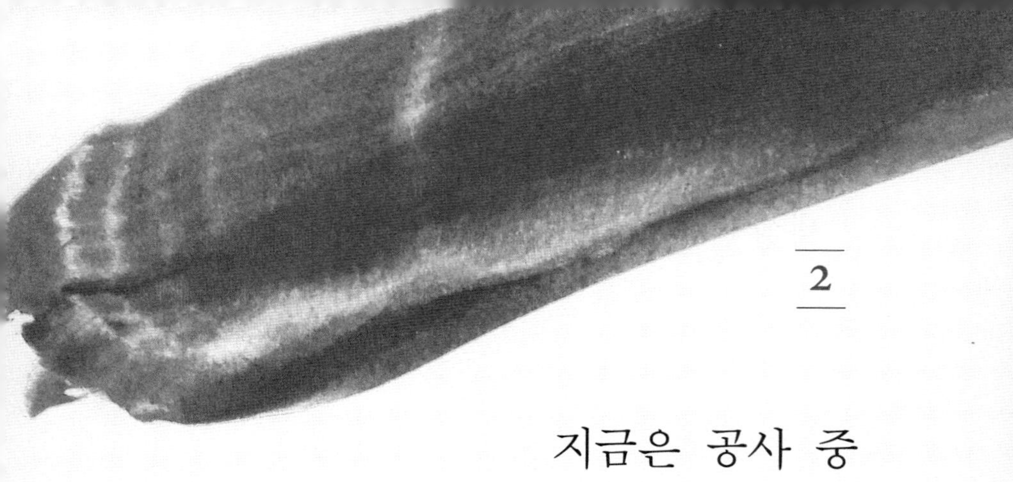

2

지금은 공사 중

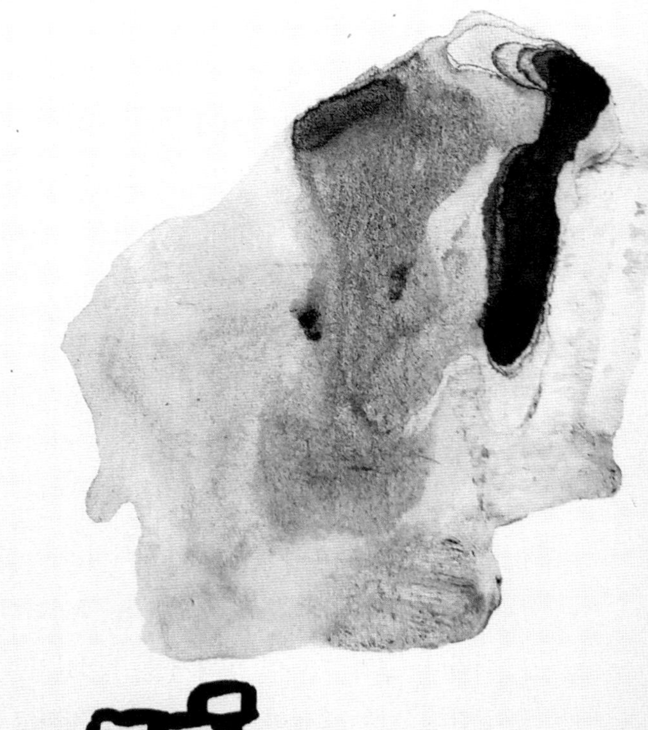

세상이 아름다운 것은

뉴욕의 딸에게서 전화가 왔다. 카톡이 아니고 전화가 올 땐 혹시? 하는 염려가 앞선다. "엄마, 나, 속았나 봐." "뭐, 뭐? 뭐라고? 속다니." 엄마의 호들갑을 진정시키려는 듯 아이는 헤헤헤, 웃는다.

퇴근길이다. 전철역 입구로 부지런히 나오는데 "한국 사람이세요?" 하며 초라한 남자가 다가왔다고. 그는 서울의 연세대학교 교수인데 방금 소매치기를 당했단다. 급히 영사관에 가야 되는데 70불이 필요하니 꾸어 달라는 것. 연세대를 아느냐고 물으며 자기는 거지가 아니라고 한다. 수상쩍긴 해도 측은한 마음에 돈을 털어 40불을 주었더니 실망한 표정을 짓더라나. 그가 기어이 연락처를 적어갔지만 아무래도 속은 것 같단다. 나는 속단하지 말고 기다려보라고 말했다.

잠시 후. 깔깔대며 또 전화했다. “엄마, 너무 웃겨. 남편에게 그 이야기를 했더니 어? 베이지색 바지에 블루 재킷?” 결혼하기 전 자기에게도 같은 이야기(영어로)를 하는 한국인이 있었다고. 5불밖에 없다니까 “에이씨.” 하며 홱 채 가지고 사라졌는데 에이씨가 무슨 말이냐고 물었다는군. 아이는 베이지와 블루였다고 까르르 웃다가 생각난 듯 “엄마, 그때 그 일도 있었잖아?” 누가 엿듣기라도 하는 듯 속삭인다.

시애틀에서 겪은 일이다. 무더운 여름이었지. 한인들을 위한 봉사기관의 사무실은 큰 행사준비로 북적였다. 역시 전화통도 불이 나는데 ‘따르릉, 따르릉’ 안타까운 사연이 전선을 타고 왔다. 다급한 음성이다. 한국인 가정 네 식구가 라스베이거스의 사막을 운전해 오다가 강도를 만나 있던 돈을 몽땅 털렸단다. 차의 가스도 바닥이 되어 가는데… 도움을 청했던 경찰관은 어쩔 수 없다며 한국인에게 전화하라고 했다지. 다행히 차에 한국 신문이 있어서 이 단체의 전화번호를 찾았다고 했다. 자기네는 벨뷰에 산다며 꼭 갚을 터이니 200불을 웨스턴 유니온으로 보내주면 감사하겠다며 떨리는 목소리로 간청하더란다.

가뜩이나 분망한 사무실 안은 모두들 한마디씩 하며 이 딱한 사정부터 돌봐주기로 했다. 사람 안 다친 게 다행이네. 우리 사무실 전화번호를 발견해서 잘됐지. 빨리빨리 은행 문 닫을라. 성급한 책임자는 정신없이 뛰쳐나갔다. 걱정스러운 표정으로 기다리는 직원들 앞에 은행 문이 닫히기 전에 간신히 송금했다고 헐떡이며 그녀가 나타나자 직원들은 와~ 환성을 질렀다. 얼마 후에, 돈을 잘 찾아 무사히 가고 있으니 벨뷰에 도착하면 꼭 찾아뵙고 갚겠다는 전화가 왔다. 자기는 딸인데 아빠가 운전 중이라 대신 감사드린다고 깍듯한 인사를 보내왔다. 아, 착하고 순진한 사회사업가들. 좋은 일 했다고 흐뭇해하던 젊은 똑똑이들. 그들은 멋지게 당했다.

사람들은 보기 좋게 속아 넘어간 젊은이들에게 이렇게 말하리라. 아니, 요즘이 어떤 세상인데 눈 뜨고 코 베 가는 세상 아닌가. 에구, 헛똑똑했구먼. 쯧쯧.

그러나 나는 아니다. 어처구니없이 속은 그들을 오히려 칭찬하고 싶다. 앞뒤 따지지 않고 어려움에 처한 사람을 무조건 도와줘야겠다는 착한 마음은 아무나 가질 수 없다. 측은지심이 발동하여 희생과 봉사가 몸에 밴 사람들만이 가진 사랑의 발로가 아니겠는가. 죄를 짓고 사는 사람들은 어느 기회에 법으로 또는 무슨 방법으로든 변화되리라 믿는다면 억지일까? 하나님이 눈여겨보는 사람이라면 바르게 세울 것이라 믿고 싶다.

내가 이렇게 말할 수 있는 건 두 목사님의 삶에 감동을 받았기 때문이다.

나는 목사인데도 도저히, 이 사람을 사랑할 수 없다. 속이고 또 속이는 그 사람을 죽어도 용서할 수 없다, 목사를 그만 두고 싶다며 몸부림쳤지만, 하나님께서 타이르시며 그를 사랑하도록 도와주셨다. 나는, 하마터면 더 이상 목회는커녕 인간 노릇도 못할 한심한 사람이 될 수밖에 없었을 것이라는 은혜로운 간증을 들려줬다,

우리 가족이 좋아하던 또 한 분은 고아들의 아버지, 거지들의 친구였던 H 목사님이다. 가련한 그들을 먹이며 가르치고 사랑하는 데도 속이고 또 속이는 불쌍한 청소년들에게 알고도 속고 모르고도 속았다. 이젠 그만하자고 만류하던 사람들을 향해 목사님은 '희망을 가집시다. 우리 실컷 이용당합시다. 그에 대한 책임은 하나님이 지지 않겠어요? 예수님의 십자가는 바로 이들을 위해 지금도 피를 흘리고 있습니다.'라고 눈물로 호소하시던 목사님.

사랑하지 않고는 견딜 수 없는 목사님. 세상에서 손해 보는 삶이 도리어 승리하는 삶이라고 가르치시던 목사님. 자신의 것을 다 내어주고도 속고만 계셨던 목사님이 잘 이해되지 않았지만, 목사님을 속였던 눈물의 씨앗들은 지금 눈부신 나무들로 자라고 또 자라 세상 곳곳에서 큰 숲을 이루고 있다. 자애로운 목사님들, 유능한 사회사업가들, 여러 분야에서 큰 지도자들이 된 이런 분들 때문에 세상의 아름다움은 이어지고 있다.

사기꾼에게 속는 건 한 번으로 족하다. 그러나 정말로 구제불능의 사람들을 만났을 때 나는 어떻게 해야 할까? 내 속에

사랑의 샘을 더 깊게 파야 될 것 같다.

연세대 교수… 그는 어디서 무얼 하고 있을까? 정말로 연세동산의 백양로를 알고나 있을까? 그래도 분명한 건 그도 하나님이 불쌍히 여기는 사람일 게다.

2019. 6.

거룩한 체험

동네의 꽃 잔치는 막바지 여름을 장식하며 농익은 색깔을 그려내고 있다. 깔깔한 모시 같던 시애틀의 여름이 불같은 더위를 뿜으며 대지를 달구고 있다. 깜짝 놀란 시애틀 사람들이 쩔쩔매고 잘생긴 나무들이 이게 웬일이냐고 따가운 잎사귀로 바람을 스친다. 소담스러운 여름꽃, 지금은 내 차례라고 은근한 색깔로 화사하게 웃던 수국도 풀이 죽었다. 서둘러 물보라에 무지개 피우며 물을 뿌리니 신이 난 꽃들과 나무들의 색이 짙어진다. 순간, 자연의 색이 달라져 보였다던 거룩한 체험의 그 남자가 떠오른다,

한 남자가 실의에 빠졌다. 부족함이 없는 사람이었다. 기독교인이라고 자부하며 살았지만, 교회 생활은 습관처럼 이어지고 있었다. 허전함을 채우려고 새벽기도를 위시해서 온갖 예

배는 빠지지 않았고 다른 교회 부흥회에도 찾아다녔다. 숱한 설교를 들었지만 모두가 거짓이라고 의심이 들기 시작한 것은 교회에서 싸움이 일어나고부터다. 두 쪽으로 갈라져 원수같이 으르렁거리는 모습들을 보며 신앙이란 무엇인가 역겨워지기 시작했다.

어느 날, 절망 속에서 길거리를 방황하던 그가 배가 고파 한 음식점에 들어갔다. 점심시간이 지나선지 한가했다. 주문을 하고 멍하게 앉아 있는데 사르르 문이 열렸다. 한 초라한 할머니가 고개를 쑥 내밀며, "나물 좀 사." 하며 눈치를 본다. 주인아줌마, 퉁명스럽게 "안 사!" 톡 쏜다. '아니, 저 불쌍한 할머니에게 젊은 아줌마가 너무 하잖아?' 남자는 마뜩잖은 눈으로 그들을 바라본다. 그때 퉁명 아줌마 소리친다. "밥은 먹었어? 들어 와 밥 먹고 가." '어라? 이건 또 뭐야?' 남자는 호기심에 차 여인들을 바라본다. 기운 없는 할머니는 맥없이 주춤댄다. "어서 들어오우." 좀 부드러워졌다. 할머니, 비실거리며 구석에 앉는다.

어느새 남자의 앞에도 밥이 왔지만, 숟가락을 들고 멍하니 그들을 바라본다. 퉁명 아줌마, 밥을 꾹꾹 눌러 담는다. 고봉의 밥그릇을 나물할머니 앞에 탕 놓고 뜨끈뜨끈한 고깃국도 탕 하고 놓는다. 여러 가지의 반찬들도 탕탕 놓는다. 퉁명 얼굴에 가는 미소가 번진다. 할머니는 허겁지겁 먹고 퉁명 아줌마는 자꾸만 바라본다. 뭐 더 내놓을 게 있나? 하는 것처럼.

전혀 뜻밖이다. 밥 먹을 것도 잊어버리고 물끄러미 바라보던 남자의 눈이 흐려지기 시작하더니 눈가가 젖어왔다. 자꾸만 눈물이 났다. 가슴까지 뜨거워지다니. 이런 감격은 생전 처음이다. 그래, 교회 안에서 부르짖는 사랑보다 절박한 삶의 현장에서 전해오는 사랑이 더 생명력 있고 감동적인 것을. 밥은 먹지 못했는데 배가 부른 것 같았다. 계속 눈물이 흘렀지만, 알 수 없는 기쁨이 가슴에서 솟아났다. 이게 무슨 일인가? 깜짝 놀랐다. 자신도 모르게 "하나님, 감사합니다. 하나님, 감사합니다."를 연발하고 있기 때문이었다.

그는 뜨거운 가슴을 안은 채 음식점을 나왔다. 이상하다. 좀 전에는 보이지 않던 온 세상의 것들이 아름답게 느껴지기 시작했다지. 햇빛은 찬란하고 나뭇잎은 더 푸르렀다. 꽃들의 색깔이 말할 수 없이 선명했고 빛이 났다. 한껏 무르익은 계절이 와 있었구나. 쓰레기통도 다정하게 보였다. 만나는 사람마다 활짝 웃으며 인사하고 싶더란다. 모든 게 사랑스럽다. 자기가 갖고 있는 지식과 재물, 이때까지 누리고 있던 풍성함이 미안하게 생각되었다. 가지고 있는 것들을 누군가에게 주고 싶어졌다. 오늘 다시 세례를 받은 것 같았다. 가슴이 마구 뛰었다고 했다.

아, 그 남자는 그로부터 생각과 마음이, 정신이 달라졌다. 이 이야기를 들은 나도 가슴이 찡한 감동이 일었다. 거룩한 체험이란 애끓는 심정에서 오는 것이라고 어느 목사님이 말씀하셨다.

나도 느낄 수 있다. 남의 아픔이 내 아픔이 될 때, 자연 속에서 위대한 하나님의 사랑을 느낄 때, 아낌없이 함께 나누는 생활 속에서, 작은 일에 기뻐하며 감동이 올 때, 눈물이 핑 돌며 모두가 고마워지는 마음이 솟구쳐지는 것. 그것이 거룩한 체험이라고.

계절이 바뀔 때까지 교회의 의미에 대해 고민했다. 나의 신앙생활에도 모든 것들이 안개 속에 갇혀 길을 잃고 있는 것 같았다. 알게 모르게 스쳐간 순간의 기회에서 거룩한 체험이 손짓하고 있었건만 세상을 걸어가고 있던 나는 모른 채 나만을 내세우고 있었다. 아까운 세월만 의미 없이 허비하고 있는 사이 계절의 질서는 아무도 모르게 움직이고 있었다. 머지않아 서늘한 가을빛을 한 몸에 받으며 익어갈 열매들은 감사하다며 달콤한 고개를 숙일 테고 준비를 마친 나무들은 가을을 마중하고 있을 테다. 나도 조용히 머리 숙이며 때 묻은 먼지를 털어내야지. 황폐한 내 마음에 꽃을 심어 주고 영원한 약속으로 열매 맺기를 기다려준 신비한 힘이 내 주위를 감돌고 있다. 신앙생활에 방해가 있다고, 나는 아니라고, 모든 게 못마땅하다고 투덜대는 너의 태도에도 거룩한 체험이 필요하다고 가을을 품은 바람이 조용히 속삭여 준다.

2017. 8.

출발점

책상을 정리하다 멈칫했다. 접어진 메모지에 '내 힘들다!'를 거꾸로 하면 '다들 힘내!'라고 쓰여 있다. 종이를 버리지 못하고 상념에 빠진다.

지난해, 힘든 사계절을 겪는 동안 끝없는 이별을 보았고 지금도 그 아픔은 이어진다. 그건 지구 건너편에서 7.2도의 지진으로 숱한 사상자가 났고, 또 다른 곳에서 기아로 많은 사람들이 목숨을 잃었다는 것이 이제는 남의 일이 아님을 뼈저리게 자각하는 계기가 됐다. 코로나19는 많은 깨달음을 주고도 아직 충분치 않다는 듯 거침없는 기세로 70억 인구의 요람 지구촌을 흔들고 있다. 땅이 고열로 신음하고 바다가 해일로 몸을 뒤척인다, 그만큼 지구의 몸살은 깊고 위중하다. 어느 누가 내 책임은 아니라고 '손을 씻을' 수 있을까. 비닐봉지를 아무 데나 버렸고, 음식 찌꺼기를 강물에 흘려보냈다. 아름다운 지구에 병균을 제공한 공범을 면제받기 어려울 거다.

백신을 만나기 위해 긴 줄에 서서 차례를 기다리는 노년의 그늘진 얼굴들. 끝이 안 보이는 팬데믹은 사회 전반에 암울함을 던지고 있는 중에 경제는 내리막을 달리고 서민 생활을 불안에 떨게 한다. 예기치 못했던 일상의 어려움을 구체적으로 마주하며 소박한 인간다운 삶마저 위협받게 되었다.

작가인 S 교수는 한 중소기업의 사장으로부터 특강을 부탁받았다. "육 개월 동안 월급을 주지 못했습니다. 아주 작은 회사예요. 연말 보너스를 이 특강으로 주려고요. 강사료는 20만 원밖에…." 사장의 더듬대던 말끝은 울먹임 때문에 흐려졌다. 가슴이 쿵 내려앉은 여성 작가는 "네, 갈게요. 가고 말고요." 흔쾌히 허락했다.

강사는 사장과 30여 명의 회사원을 대하자 왈칵, 목이 메었다. 착한아이 얼굴 같은 청년들이 온기가 없는 추운 사무실에 모여 있었다. 시작된 강의는 참을 수 없이 솟구치는 눈물 때문에 잘 이어지지 않았다. 이렇게 어려운 회사가 어디 한둘이랴. 강사는 마치 자신의 동생들이나 아들딸에게 하듯 깊은 사랑으로 말을 이어갔다. 도산을 앞둔 회사의 젊은 사장에게도 힘을 실어주고 싶어 그의 모든 지혜를 동원했고 격려의 말을 찾아 열심히 전달했다.

지금은 모두가 힘든 세월을 보내고 있다. 아무리 어려워도 용기를 잃지 말라. 절대로 꿈을 포기하지 말라. 고난과 역경은 지나가는 것이다. 세상은 급격하게 변하고 있다. 모든 것은 변한다. 단 한 가지 변하지 않는 것은 진리, 하나님의 사랑을 붙잡고 희망을 만들어 갔던 자신을 진솔하게 내보였다. 작가는 뜨거운 가슴으로 외쳤다. 희망은 오는 것이 아니라 스스로 만드는 것, 내 안에 잠자던 혼을 깨어 만들어 내는 것, 그것이 희망이다. 작가의 강렬한 음성에는 굳은 의지가 배어 있었다. 끝인 듯 보이는 바로 그곳이 새로운 출발점이다. 새로운 출발점! 사장의 눈이 반짝였다. 직원들의 눈도 함께 빛나는 것을 그는 놓치지 않았다.

강사는 20만 원을 받지 않았다. 오히려 죽음의 터널을 건너온 지난 세월, 고통과 슬픔으로 범벅이었던 젊은 날의 고백인 책을 꺼냈다. 악몽을 이기고 새로운 생의 기쁨을 갖게 되었다는 자전적 수필집 백 권을 선물로 증정했다. 희망과 꿈이 박살나고 어른거리던 죽음의 그림자를 밟고 일어선 자신의 이야기가 진솔하게 담긴 책이다. 수없이 초청되었던 강연이지만 강사료를 물리치고 선물을 내민 경우는 처음이었다. 그러나 강사료와 비교할 수 없는 값진 소득이었고 보람과 기쁨으로 뿌듯했다.

강의가 끝나고 그들은 떡과 귤, 오징어 몇 마리를 놓고 소주 파티를 했다. 사장이 먼저 떨리는 목소리로 잔을 들고 외쳤다. “내 힘들다!” 그러자 붉어진 눈으로 직원들이 소리쳤다.

“다들 힘내!” 용기를 주고받으며 각오를 다짐하는 순간이었다. 강사는 뭉클한 마음을 달래며 끝까지 그들과 함께했다. 그날의 눈물겨웠던 분위기에서 그들의 결의와 희망이 가슴으로 전해왔다. 그는 속으로 감사의 기도를 드렸다.

보너스 대신 희망의 강의를 들었고 고통과 슬픔의 언덕을 넘어 승리한 기적의 삶이 기록된 책을 받았으니 그들은 용기를 얻었으리라. 사장과 직원들이 한마음이 되어 이 난세를 뚫고 나간다면 오래지 않아 오뚝이처럼 일어서리라는 확신이 든다.

시련을 오히려 축복으로 역전시키는 하나님을 믿는다면 절망은 없다, 이쪽 문이 닫히면 저쪽 문을 열어주고 길이 없는 곳엔 길을 만들어 가는 지혜와 능력을 공급받을 것이다. 기업이란 이문을 남기는 것이 아니라 사람을 남기는 것이고, 상업이란 이익을 추구하기보다 의를 추구하는 것이 더 귀하다고 말한 어느 거상이 생각난다. 이 회사는 당장 이문을 남기지 못했지만, 사람을 남기는 회사가 될 것임에 틀림없다.

2021. 3.

클래식은 삶의 기쁨

쇼팽으로 들어갔다가 클래식의 늪에 빠졌다. 조성진, 22살의 기특한 그는 5년마다 쇼팽의 기일에 맞춰 개최된다는, 제17회 「쇼팽 국제 콩쿠르」에서 한인으로는 처음으로 우승한 게 3년 전이었다. 그의 연주가 듣고 싶어 벼르던 차, 큰맘 먹고 유튜브를 열었다. 11살부터 쇼팽만 연주했다던 그의 연주가 줄을 이었다. 하나만 더, 하나만 더 하다가 여기저기에 숨어 있던 다른 젊은이들의 연주까지 쏟아져 나와 헤어나지 못했다. 이 세상에 천재성을 가진, 다른 콩쿠르에서 우승을 했거나, 어떠한 콩쿠르에 나가지 않고도 세계무대에 당당히 서 있는 젊은이들의 연주와 기사들이 넘쳐나고 있었다. 타고난 재능도 있었지만 피나는 노력으로 성공한 그들의 이름을 다 나열할 수 없지만 한 사람 한 사람의 치열했던 노력이 느껴져 장하다는 부르짖음이 절로 나온다. 표현할 수 없는 감동이 뜨겁게 휘감기는 선율은 저물 무렵이 되도록 내 혼을 흔들었다.

내 주위에는 클래식을 싫어하는 사람이 없다. 음악을 전공한 조카들과 친구들도 많다, 내가 좋아하는 피천득 시인도 쇼팽 사랑을 이렇게 표현했다. '쇼팽을 모르고 세상을 떠났다면 어쩔 뻔했는가.'라고. 독일의 철학자 니체도 '음악이 없다면 내 인생은 실패작'이라고 했고, BMW의 밀베르 사장도 '문화가 없이는 아무리 돈이 많아도 가치가 없다.'라고 말하며 베를린 음악 축제에 스폰서가 됐다고 한다. 옛날이나 지금이나 클래식을 사랑하는 사람들은 이 세상에 하늘의 별처럼 많을 게다.

아쉬운 마음을 누르며 컴퓨터를 닫고 일어서는데… 이런, 모처럼 맑아진 정신과 기쁨으로 충만된 기분에 초를 치듯 클래식을 모독한 그 글이 떠오르다니. 쯧쯧, 지금까지 쟁여 둔 음악에 먼지가 쏟아지는 것 같아 머리를 흔들며 불쾌감을 털어버린다.

물론 나도 음악에 대한 편견이 있다. 그러나 공개적으로 싫어하는 장르에 대해 흉을 보거나 폄한 일은 없다. 한 수필가의 글 제목은 「클래식이여 안녕!」, 첫 문장이다,

> 나는 트로트에서 시작되어 트로트에서 끝났다. 엔간한 가요는 바가지장단을 할 줄 안다.' 뭐, 누가 뭐라나? 자기 취미인데. 그다음이 문제지. 그는 청년 시절 클래식음악에 무지했기

에 창피를 당했단다. 원수 같은 클래식이라고 했다. 멋을 부리느라고 친구들과 음악 감상실에 드나들게 되었는데… 도대체 모차르트의 피아노 협주곡 21번이라던가, 차이콥스키 교향곡 6번의 제일 악장 같은 곡은 왜 생겨나서 존재하는지 모르겠다. 악장은 무엇이며 서곡은 또 뭐야. 무슨 놈의 노래에 가사도 없고 가수도 없는가? 여기를 읽다가 나는 하하하, 웃었다. 번호는 왜 달고 나와? 이런 곡들은 한마디로 딱 질색이야. 서양악기는 불완전하고 조잡한 깽깽이 소리다. 그걸 무슨 신주단지 모시듯 할 필요가 없다. 제 것 귀한 줄 모르고 딴 동네(클래식)에 가서 미친 여자 널뛰듯 해야 되겠는가. 나는 노래방 십팔번을 트로트로 고정시키고 시끄러운 클래식이여 안녕! 작별인사를 고해버렸다.(이하 생략)

세상에! 손발 장단에 목 놓아 노랫가락에만 취했지 영혼을 파고드는 고전음악의 깊은 맛을 모르고 있다니!

'취미는 사람마다 다르다, 음악도 자기 취향에 맞는 것을 듣고 부른다. 어떤 것이 더 좋고, 나쁘고, 이건 고상하고 저건 유치하다.'라고 말할 수 없다. 고전음악이나 현대음악이나, 팝송, 재즈, 가요는 다 내면엔 인간이 추구하는 정신과 철학이 있다고 생각한다. 그냥 자기가 좋은 것을 즐기며 다른 사람이 좋아하는 것도 인정하면 되는 것이지. 이렇게 만인이 볼 수 있는 글에 그것도 문학 작품이라고 하며 거칠게 쏟아 놓아야 할까? 클래식을 공부하는 사람이나 클래식을 좋아하는 사람들의 입장을 생각해 볼 수는 없었을까?

미국에서 활동하는 '피아니스트 조지 리'라는 젊은이는 문학에서 영감을 얻는다고 했다. 그의 깊은 표현력은 문학성에 있다고들 말한다. 그렇다. 조성진의 연주도 소설 같은 연주였다고 평한 글도 읽었다. 예술작품에는 다양한 분야가 함축되어 있다는 뜻이겠지. 음악, 미술, 문학, 조각 등 세월과 관계없이 깊은 인상을 주고 인간의 감성에 호소하는 작품들은 고전이라는 이름으로 오래도록 사랑을 받고 있다.

클래식이란 최고의 클래스(Class), 최고의 예술품, 최고의 수준이란 뜻이다. 고상하고 유서 깊은, 권위가 있다는 것 아니겠나. 세월이 아무리 흘러도 변함없는 클래식음악에 대해서 더 이상 설명이 필요 없을 것 같다. '클래식 음악이란 역사상 가장 위대하고 아름다운 언어'라 하지 않던가, 우리는 삶의 기쁨과 슬픔을 예술로 승화시킬 수 있다. 모든 사람이 함께 누리는 특권, 클래식의 향기는 영원히 사람들의 영혼을 울릴 것이며 범접할 수 없는 품위로 고고하게 흘러갈 것이다.

오늘 저녁 우리집에 잔잔한 기쁨과 환희가 물안개처럼 가득 찼다. 클래식을 포함한 모든 예술은 우리의 삶을 풍요롭게 이끌어 주고 영혼을 맑게 하는 샘물이다. 클래식과 작별인사를 한 그 수필가는 클래식 음악에서 삶의 기쁨을 느끼는 나를 이해할 수 있을까?

2014. 5.

대동강 건너, 요단강 넘어

아버지는 서용문 목사님을 존경하셨다. 이분은 우리 형제들이 좋아했던, 이화여자대학 교수로 은퇴하신 멋쟁이 서광선 박사의 아버님이시다. 서용문 목사님은 평양에서 순교하셨다.

서광선 박사는 1950년에 열일곱 살의 청소년이었지만 대동강 기슭에서 아버님의 시신을 건져 장례를 지내고 이남으로 피난을 왔다. 1991년 이화여자대학 대학원 원장으로 계실 때 회갑을 맞으며 정치신학 평론집 『신 앞에 민중과 함께』를 출판하셨는데 순교하신 아버님을 기억하며 「아버님, 통일은 언제 옵니까?」라는 제하에 「올 추석에도 성묘는 못 갑니다」라는 글을 쓰셨다. 얼마나 슬픈 감동이었는지 읽으면서 눈물을 흘린 적이 있다.

서용문 목사님께서 목회자가 항상 염두에 둘 세 가지를 말씀하셨다는데 나도 기억한다.

> 목사는 언제나, 어디서나 설교할 준비가 되어 있어야 한다.
> 목사는 언제나 이사할(교회를 떠날) 준비가 되어 있어야 한다.
> 목사는 언제나 죽을 준비가 되어 있어야 한다.

아버지가 목회하실 때 서용문 목사님께서 강조하셨던 이 세 가지를 잘 지켜야 한다고 자주 말씀하셨고 이를 실천하려고 하셨다.

서광선 박사는 2010년 10월, 서용문 목사님의 순교 60주년을 맞아 『대동강 건너, 요단강 넘어』라는 추모문집을 출판하셨다. 남겨진 세 아들과 딸, 사위가 아버님에 대한 기억을 더듬으며 눈물로 쓴 회고록이다. 세월이 흘러 어느덧 맏아들 서광선 박사는 80, 막내는 70 고개를 넘겼으니 더 늦기 전에, 순교자 아버지를 기리는 행사를 해야겠다는 마음으로 책을 내고 추모 예배를 드렸다고 했다.

서용문 목사님은 기독교를 박해하는 정권 밑에서 신앙을 지키는 교인들과 동고동락해야 한다는 목회 정신으로 헌신하다가 순교하신 한국전쟁의 희생자이시다. 다른 목사님들과 함께 한 밧줄에 묶여 얼굴과 온몸에 총알이 박힌 채 대동강 하류, 강기슭에 떠 계셨다는 글을 읽으며 가슴 저린 슬픔이 온몸을 전율케 했다. 대동강이 내려다보이는 장포동 교회 뒷산에 장례를 지내고 남으로 피난을 간 17세의 소년 서광선은 미국으로 유학을 떠나 박사가 되었고 이화여자대학 교수로 계시다가 한때는 해직 교수가 되셨다. 그 시절 순교자 아버님의 뒤를 이어 목사 안수를 받으셨다. 지금은 은퇴하셨지만, 사회와 교육계, 종교계에서 많은 영향력을 끼치신다.

1950년 12월, 우리 가족이 삼팔선을 넘어 서울의 영희초등학교 근처 어느 지인의 빈 집에서 잠시 묵고 있을 때였다. 30대 초반의 아버지와 서광선 소년이 길거리에서 깜짝 마주쳤다. 두 사람은 눈물을 글썽이다가 무조건 우리가 묶고 있던 곳으로 함께 왔다. 큰오빠 같았던 소년은 며칠 동안 우리들과 같이 지내며 공책에 그림을 그렸다. 칙칙폭폭 기차가 빽 소리치며 평양으로 가고, 윙윙 비행기는 하늘을 날아 미국으로 간다고. 어찌나 재미있게 이야기하는지 꼬맹이 우리에게 상상의 날개를 달아 주었다. 이 책에도 6.25 피난 시절을 이야기하는 대목에서 흩어진 가족을 찾아 헤매다가 안성진 목사를 만나 가족들과 같이 며칠을 지내다가 부산으로 갔다는 이야기가 담겨 있어 반가웠다.

『대동강 건너, 요단강 넘어』를 읽으며 내 가슴은 자꾸만 두근거렸다. 서용문 목사님과 숱한 지도자들의 순교를 처음으로 마음 깊이 새겨보는 기회를 얻었기 때문이다. 서 목사님이 총살 당하신 곳은 토마스 선교사가 1866년 제너럴 셔먼이라는 배를 타고 대동강을 거슬러 올라가다가 대원군의 군인들이 쏘아대는 화살로 배가 불에 탔고 토마스 목사님이 순교하신 곳과 가깝다고 했다. 한창나이 45세에 순교하신 서용문 목사님!

서광선 박사가 쓰신 순교에 대한 신학적 의미에 대한 글에는 일본의 가톨릭 작가인 엔도 슈사쿠가 쓴 『침묵』이라는 소설의 내용과 1960년대에 김은국 선생이 쓴 『순교자』라는 이야기도 나왔다. 나는 이 두 권의 책을 학생 때에 읽었지만 당시의 느낌이 어떠했는지 흐릿할 뿐이다. 다만 『침묵』에서 한 여인에게 십자가가 그려진 그림 위로 밟고 가라고 했을 때, 차마 밟을 수가 없어 울고 있던 여인 앞에 예수님의 얼굴이 나타나 '밟고 가라. 그리고 살아남아라.' 했던 장면이 너무 인상적이어서 어렴풋이 남아 있다. 『순교자』에서도 순교의 의미 때문에 고민하던 주인공의 갈등이 내게도 전해왔다. 순교해야 하느냐, 무슨 수를 써서라도 살아남아 하나님의 일을 해야 하느냐? 어느 것이 하나님을 위한 일인가? 생각을 깊게 해봤던 것 같다.

서광선 소년은 아버지의 얼굴에 수없이 박힌 총알 자국을 어루만지면서 "아버지, 다시는 전쟁이 없는 세상을 만들겠습니다. 하나님, 도와주십시오." 하고 소리를 질렀다고 했다. 순교자들의 고난은 우리 민족의 아픈 역사의 증거이다. 한국교회의 미래와 역할에 대해 순교자의 피가 헛되지 않도록 재점검이 필요한 이 시점에서 우리가 할 일은 무엇인가를 깊이 숙고하며 크리스천 삶의 본질을 되씹어본다.

2012,. 3.

또 하나의 인생 공부

서울에 있는 친구로부터 편지가 왔다. 아들이 곧 군대에 간다고 한다. 아직도 훈련병들에게 인권이 무시된 가혹행위가 끊이지 않고 그로 인한 사고도 얼마나 많은지 아느냐, 많이 달라졌다곤 하지만 군부대의 낙후된 시설과 졸병들에 대한 학대는 말할 수 없을 거라며, 걱정 때문에 잠이 안 온다는 것이다. 한국에서는 누구나 다 거쳐야 할 남자들의 첫 관문이라고 하지만 미국에서 자란 너의 아들이 부럽다고 한다. 나는 공연히 미안해지며 아들에 대한 애틋한 친구의 마음에 코끝이 찡해 온다.

까마득한 옛날, 우리 가족은 대구 제일교회의 사택에서 산 적이 있다. 피난을 오자마자 아버지가 주일학교 전도사가 되었기 때문이다. 벽돌로 지은 교회는 굉장히 크고 교회 안에는 사택이 여러 채 있었는데 직분을 맡은 분들도 살았지만 갈 곳 없는 피난민들이 연줄연줄 얹혀사는 사람들이 많았다. 마당 한가운데의 군인 천막이 있었다. 장교시험을 본 군인들이 임시로 있다는 말도 있고 졸병들이 다른 부대의 배치를 기다리는 곳이라고도 했다.

나를 포함한 꼬맹이 20여 명은 매일같이 복잡하고도 시끄러운 교회 마당을 활개치며 다녔다. 간혹 천막 안에서 졸병들이 기합을 받곤 했는데 우리들은 질색하면서도 살금살금 들어가 구경하곤 했다. 찌는 여름날이었다. 낯익은 아저씨들이 엎드려뻗쳐를 하고 야구 방망이로 얻어맞고 있었다. 아이들은 우르르 몰려갔다. 땀은 비 오듯 하고 아픔으로 일그러진 얼굴로 안간힘을 쓰는 아저씨들이 너무 불쌍했다. 꼬맹이들은 모두 울상이다. 무서운 얼굴로 하나, 둘 외치며 방망이를 휘두르는 아저씨가 너무 미워 돌멩이를 던질까 말까 하기도 했다. 그러나 용기 없는 우리들은 서로 얼굴만 마주 보았고 언젠가는 돌멩이로 야구 방망이 아저씨를 까 주자고 주먹을 불끈 쥐는 남자아이도 있었다.

교회 안에는 이북에서 피난 온 젊은 선생도 산다. 그는 신기한 외국 이야기, 재미있는 동화, 신나는 노래도 많이 안다. 즐거운 일도, 특별한 일도 없는 저녁, 호롱불이 희미하게 켜질 무렵이면 아이들은 답답한 단칸방을 박차고 뛰어나온다. 선생님을 중심으로 옹기종기 모여 앉아 한바탕 노래를 부른 후, '장발장' 이야기를 듣는다. 너무 재미있어서 더 이상 밤이 깊어지지 않기를 바라는 조그만 가슴이 두근대던 조바심은 억누를 수 없는 기쁨이었다.

그런데 어느 날, 이야기를 다 마친 우리들의 선생님은 청천벽력 같은 이별의 선고를 했다. 상상도 하지 못했던 일이었다. 선생님은 당장 내일 아침에 그렇게도 지긋지긋하게 싫어하는 무서운 군인 천막, 야구방망이가 판을 치는 군대라는 곳으로 가야 한다는 것이다. '정말, 선생님이 엎드려뻗쳐를 해야하고 야구방망이 세례를 받아야 한다고?' 그뿐인가 작대기 하나라도 높으면 차렷, 부동자세로 쩔쩔매야 한다는 그곳에 우리들의 선생님이 가야 한다는 사실이 기가 막혔다.

그러나 다음 날 아침, 우리들의 슬픈 마음을 모르는 듯 신나는 해바라기 모습의 해는 하하 웃으며 떠올랐다. 선생님이 떠날 시간이 되었다. 선생님은 울먹이는 우리들을 향해 빙그레 웃으며 공부 잘하고 사이좋게 지내면 오래 있다가 다시 와서 '장발장' 이야기를 계속해 준다고 약속했다. 그러나 나는, 절대로 다음 이야기는 들을 수 없을 거라고, 선생님이 괜히 말하는 거라고 생각했다. 감정이 격해진 우리들은 붉으락푸르락이 되다가 참지 못하고 울음을 터뜨리고 말았다. 어떤 아이는, 군대는 무서운 곳이며 매일 매일 벌만 받는 곳이니 가지 말라고 매달리기도 한다.

빙그레 웃던 선생님의 눈에도 눈물이 그렁그렁 맺혔다.

"나는 말이야, 더욱 훌륭한 사람이 되기 위해서 군대에 가는 거야. 훌륭한 사람이 되려면 인생 공부를 많이 해야 되거든. 야구 방망이는 아저씨가 더욱 참을성을 기르고 용감한 사람이 되기 위해서 많이 맞아야 되는 거야." 말을 마치자 "자, 악수." 하며 크고 따뜻한 손으로 우리들의 손을 꼭꼭 쥐여 주었다. 우리들은 모두 풀이 죽어 훌쩍거리기만 했다.

그런데, 참을성 있고 용감한 사람이 되려고 남자는 군대에 가야 한다는 선생님의 말씀을 알아들을 수가 없었다. 무슨 그런 공부가 있단 말인가? 공부는 학교에 가서 하는 거지 매일 매일 벌만 받는 게 무슨 공부람?

더 이상 방법이 없다고 생각한 우리들은 쓸쓸한 표정으로 선생님이 안 보일 때까지 손을 흔들었다.

반세기도 훨씬 지난 옛 추억 속의 그 선생님은 지금 어디서 무엇을 하고 있을까? 아마, 훌륭한 사람이 되었을 거야. 불쌍한 사람을 바라볼 때는 눈시울이 붉어지는 따뜻한 사람이 되었을 거야.

한 인간이 인격을 갖추기 위해 얼마나 큰 자제력을 가져야 하는 것일까? 남자들은 군대만큼 자기를 부인해야 하는 곳은 없다고 말한다. 갈등과 좌절 때문에 가장 힘든 시기, 복잡한 인간관계에서 울분을 참고 견뎌야 하는 곳, 그러니까 인간을 바르게 이해하는 법도 배울 수 있겠구나. 남자들이 겪어야 할 또 하나의 인생 공부, 선생님이 말한 훌륭한 사람이 된다는 것은 아마 따뜻한 인격을 가진 사람이 된다는 뜻 일거야. 사랑을 주고받을 수 있는 사람이란 말이지. 그 선생님의 이야기는 틀림없이 그런 뜻일 게다. 이젠 얼굴도 가물가물한, 90이 넘었을 그 선생님을 떠올려본다.

반듯하게 잘 자란 친구의 아들, 군대 생활을 통해 건강한 몸과 마음, 그리고 건강한 정신을 키우며 잘 견디기 바란다. 씩씩한 군인이 된 그의 자랑스러운 모습을 그려본다,

2015. 3.

지금은 공사 중

티 없이 맑고 투명한 하늘이다. 힘겨웠던 계절의 고통을 함께 겪으며 제 몫을 다한 나무들은 시침 떼고 다가온 계절을 위해 단장이 한창이다. 정원의 꽃들과 텃밭의 푸성귀들도 지친 몸으로 씨를 품는다. '가을의 바람 소리를 가장 먼저 듣는 사람은 겨울을 걱정하는 외로운 나그네라'는 시가 떠오른다. 세월의 온갖 아픔을 고스란히 넘겨 받은 가을은 어떤 모습의 겨울을 우리 곁에 오게 할까?

아, 가을! 마스크의 물결을 넘어 봄도 가고 여름도 뒷걸음쳤다. 코로나의 기승이 한풀 꺾이는가 했더니 이름을 바꾼 후 다시 인간을 위협한다. 환경 파괴의 죗값을 치르듯 지구촌 곳곳에서 들려오는 해일, 지진, 폭염, 게다가 전쟁의 끔찍한 소식은 이어진다. 끝은 언제일까? 삶이 불안하다. 누군가 말했다. 종말의 징조라고. 사람이 사는 곳마다 들리는 울부짖음을 하나님은 듣고 계시는지? 왜 당신이 지으신 세상이 망가져 가는데 못 들은 척, 못 본 척하실까? 아니면 자유의지대로 살아가는 오만한 인간들이 원래의 자리로 돌아오길 기다리시는가? 야속하다 못해 따지고 싶다. 사랑의 하나님 아니신가요?

이민 오기 전 10여 년 넘게 도우미 아줌마가 있었다. '믿사오니 아줌마'로 통했던 그녀는 걱정거리나 마땅찮은 상황이 벌어지면 하루에도 몇 번씩 손을 하늘로 뻗으며 '주여, 어서 오시옵소서'를 외치곤 했다. 딸은 아기 때부터 그 말만 나오면 깔깔대더니 언제부터인가 따라하기 시작했다. 병원에서 아이들의 약을 지어오면 우리가 출근한 후에 쓰레기통에 버리고 안수기도를 했다. 아이들은 병원에 가기보다 아줌마의 기도를 더 좋아했다. 곧 예수님이 구름 타고 오실 텐데 착하게 살지 않으면 지옥에 간다고 겁을 주어 그녀의 말을 부모의 말보다 더 잘 들었다.

꼬맹이가 아줌마의 안수기도나 주여! 하며 부르짖음 흉내를 자주 냈다. 우린 아이들이 자유로운 삶 속에서 신앙을 몸에 익히기를 원했으나 그녀의 체면을 생각해서 차마 "그런 거 하면 안 돼."라고 못했다. 속리산 여행 중 사찰을 구경하러 들어가는데 아이들이 안 된다고 소리치며 울었다. 아줌마의 다른 종교 불신 교육 때문이었다. 아줌마는 내게도 성경만 보란다. 그녀는 이 험악해진 세태에 침묵하시는 하나님을 어떻게 생각할까?

「하나님의 침묵」이란 글을 읽었다. 저자 목사님은 관계의 단절이라고 했다. 하나님께서 우리에게 침묵하시는 건 이미 관계가 단절되었기에 응답이 없고 간절히 울부짖어도 침묵하신다고. 정말일까? 고개가 갸웃거려진다. 하나님의 침묵에 대한 참된 의미, 침묵을 견디는 힘, 기다릴 줄 아는 지혜… 나는 이런 말을 기대했다. 이 긴장의 연속이 언제 끝날지 안타깝게 기다리는 신자들은 간절히 기도한다. 우리의 고통을 바라보며 하나님도 아파하신다. 잘못을 저질러도 회개하고 용서를 구하면 그 눈물을 닦아 주시고 우리의 상한 마음과 몸을 치유해 주신다고 믿는다. 침묵은 관계의 단절이 아니라 상대를 생각하는 시간일 뿐이라는 생각은 잘못된 것일까?

독일의 유태인 수용소 벽에서 발견한 낙서가 있다. '나는 태양이 비치지 않을 때에도 태양이 있는 것을 믿는다. 나는 사랑을 느낄 수 없을 때에도 사랑이 있는 것을 믿는다.' 죽음 앞에서 그는 하나님의 침묵에 절망하지 않았다. 보이지는 않지만 세상의 주관자는 무너져가는 사회정의, 질서, 망가뜨린 자연, 심지어 인간의 타락상까지 고치시려고 부지런히 움직이고 있음을 믿음의 눈으로 본 것이다. 하나님이 돌리시는 역사의 맷돌은 비록 천천히 돌아가지만 정확하게 돌아간다는 말을 나는 믿는다. 하나님께서 무너진 곳을 재건하는 공사는 사람을 통해서 이루어진다. 그래서 공사 중인 하나님은 침묵하시는 듯, 하지만 믿음은 그 침묵 속에 미래가 담겨 있음을 예감한다. '주여 어서 오시옵소서'는 하나님의 새로운 시작을 기다리는 마음의 고백이리라.

가을이 바람을 타고 속삭인다. 사각사각 보이지 않는 손이 부지런히 움직이며 가을을 만든다. 성숙의 계절, 가을이 내 안에서도 성큼 자란다. 깊어진 눈, 밝아진 귀를 통해 하나님의 사랑을 느낀다. '괜찮아, 내가 다 알고 있어.' 아, 내 생명의 주인이 따뜻한 손길로 근심하는 내 등을 토닥여 주신다.

2021. 10.

함박눈 소리 없이 내리네

눈이 내린다. 눈 위에 또 살포시 내린다. 창밖의 새하얀 세상은 꿈결같이 고즈넉하다. 나무에 핀 눈꽃 송이에 새 눈이 양털같이 내려앉으면 나뭇가지는 흰옷을 입기 시작한다. 먹이 찾는 참새들이 포르릉, 나무들 사이 넘나들며 은가루 뿌린다. 은백색으로 변해가는 눈부신 세상. 눈 내리는 풍경은 지상 최고의 예술이 아닐까. 어느 시인은 눈을 일컬어 '은빛 날개의 작은 새'라 했고 또 다른 이는 '은빛 꽃'이라 했다. 누군가는 '마음에 내리는 사랑'이라고도 했다,

소리 없이 내리는 함박눈 사이로 눈을 쓸고 있는, 털모자 쓰신 아버지가 보인다.

함박눈은 내려서 함박꽃을 피워라/ 싸락눈은 내려서 진짜

쌀이 되어라/

북한에는 싸락눈, 남한에는 함박눈/ 북한에는 쌀 천지, 남한에는 꽃 천지/

거기서는 떡 잔치, 여기서는 꽃 잔치/

눈 내리는 날 아버지가 쓰신 동시의 일부다. 굶주리는 북한의 어린이들을 생각하며 쓰셨을 게다. '눈, 눈 눈 눈 받아먹자 입으로, 코, 코 코 코 코로 자꾸 들어간다. 입이 코지 입이냐.' 눈 오는 날 아버지가 즉흥으로 만든 엉터리 노래를 부르며 까르르 웃던 우리들의 어릴 적 모습도 눈과 함께 꽃처럼 피어난다.

문득 「눈꽃」 노래를 잘 불렀던 친구가 떠오른다. '송이송이 눈꽃 송이 하얀 꽃송이.' 행복했던 우리는 어른이 되었고 삶은 한결같지 않다는 걸 배웠다. 그녀의 크리스마스카드에 슬픈 소식이 담겨왔다. 90세의 어머니가 눈 오는 날 넘어지셨다고. 꼼짝 못하고 누워 계시는 어머니는 죽고 싶다고 하신단다. "아이들 고생시키고 싶지 않구나. 내가 이제 살아 무슨 낙을 보겠냐? 의사에게 말해서 나 하나님 앞으로 가게 해 달라고 부탁해줘." 하시는 어머니를 바라보며 가슴 깊이 요동치는 슬픔을 가눌 수 없다고 했다. 내 가슴도 덩달아 저려왔다, 친구의 어머니와 우리 어머니는 동갑이셨다. 어머니도 눈이 오면 "조심해라, 넘어질라" 늘 당부하곤 했다.

그리고 누군가의 발자국 위로 걸어가면 미끄럽지 않다고 가르쳐 주셨다. 흩어져 사는 자녀들이 전화를 걸어 조심하시라고 하면 "야들이 내 걱정 말고 저희나 조심해야 할 텐데, 나, 아직 똑똑해야." 깔깔 웃기까지 하셨다. "내 걱정 말고 옷 든든히 입고 밥 뜨끈히 잘해 먹어라." 안심시키려는 듯 밝은 목소리가 전화선을 타고 노래처럼 들려왔었는데.

아버지 대신 남편이 저만치서 눈을 쓸고 있다. 비질 뒤에 말쑥해진 길 위로 눈은 질세라 흩뿌린다. 눈 치우는 꿈을 꾸면 오랫동안 풀리지 않던 일이 잘 풀리고 원하던 일이 성취된다는데… 남편은 꿈 아닌 생시에 눈을 치우고 있으니 해당이 안 되네. 혼자 웃는다. 눈발이 차츰 가늘어진다. 내 마음도 따라서 가라앉는다. 달은 없어도 세상은 은빛으로 아름답게 빛난다. 시간이 정지된 섬에 갇힌 듯 적막강산이다. 기쁨보다 아픔이 더 많은 세상을 가려주고픈 눈은 이미 보료같이 쌓였다, 말없이 눈을 맞으며 서 있는 나목들은 겸손하고 따뜻하다.

혼탁해진 세상을 하얀 이불로 덮어주는 눈 소리를 듣고 있던 자연은 어느새 땅 밑에서 새날을 위한 작업을 시작하고 있을 게다. 봄이 오는 소리가 은은히 들리는 듯 나뭇가지를 타고 연둣빛 희망의 물줄기가 흐르겠지. 온갖 풍상을 겪고도 과묵한 나무는 무엇을 버리고 무엇을 새로 갖추어야 하는지 알고 있는 어른 같다. 순결한 영혼의 눈꽃들은 은혜의 통로를 닦고 마중을 하려나 보다.

슬픔에 젖어 있는 친구를 위해 기도한다. 참된 위로를 해줄 분은 세상에 단 한 분 하나님뿐이라고 속삭여 준다. 하나님은 지금도 쉬지 않고 우리가 알지 못하는 수많은 일을 하고 계실 거야. 안심하라고도 일러준다. 따뜻한 손길이 우리의 등을 토닥여 주신다. 신비한 계절의 변화에서 삶의 기쁨을 얻게 하시는 하나님의 사랑이 우리를 압도한다. '지천에 널린 것이 감사'란 어느 분의 표현은 나의 고백이기도 하다.

외등에 비친 새로운 눈꽃이 다시 핀다. 하나님의 사랑이, 어머니의 사랑이 내 마음에 소리 없이 내리고 또 내린다.

2009. 1.

3

우리는 가족입니다

첫 돌맞이 우리 손자

– 피렌체에서

아들 며느리가 이탈리아 피렌체의 어느 대학에 일 년 동안 있게 됐다. 너무 늦게 할아버지, 할머니의 대열에 끼어들었던 우리 부부는 이태리 초청에 들떴다. 그동안 아기는 어느새 첫 돌이 되었다.

딸, 사위도 로마에서 며칠을 보냈다. 경제가 어렵다지만 구름 떼 같은 관광객은 흥청거렸다. 가로수가 없는 좁은 골목마다 테이블을 놓고 꽃을 꽂았다. 길거리가 식당이다. 물건은 싸고 음식은 비싸다. 아이스크림도 의자에 앉아 먹으면 값이 오른다. 서서 먹어도 낯설지 않고 즐겁기만 하다.

이탈리아 르네상스 탄생지 피렌체에는 미켈란젤로와 레오나르도 다빈치의 숨결이 아직도 살아 있다. 박물관에는 현존하는 가장 상징적인 예술작품을 소장하고 있다지만 도시 전체가 미술관이다. 기둥 하나, 한 면의 벽에도 조각이고 그림이다. 직접 눈으로 보니 이탈리아가 유네스코 세계 유산이 가장 많은 관광 대국이라는 말이 실감 난다. 신비의 도시 베네치아는 또 얼마나 낭만적인가. 인구는 겨우 36만, 작은 섬들이 100여 개, 117개의 운하, 4백 개의 다리, 곤돌라의 물보라가 산타 루치아에 잠기고 노을과 함께 물 위에 떠 있던 몽롱한 집들, 여기도 우리가 사는 같은 세상일까? 세계에서 가장 아름다운 도시 중 하나라는 이곳에서 내 가슴은 표현할 길 없는 자연에 취해 경탄할 뿐이다.

그러나 나는, 어느 예술품보다 더 위대한 하나님의 걸작품, 우리의 손자 이야기를 하고 싶은 거다. 나 혼자만 손자가 있는 것도 아닌데 벼슬인 양 대견해 견딜 수 없다. 새까만 눈동자, 호수같이 맑은 눈이 또릿또릿 반짝이며 움직인다. 갑자기 나타난 네 사람을 빤히 쳐다보는 초롱 눈은 나름대로 상황을 판단해 보려는 눈치다. 아무리 보아도 모르겠는지 아기는 입을 비죽댄다. "할머니, 할아버지. 고모 고모부야!" 호들갑의 어른들을 뚫어져라 바라본다. 내리사랑의 잔잔한 향기가 우리 가정에 뿌리내리는 감격의 순간이다. 눈시울이 뜨거워 온다. 사랑의 피가 통하듯 가족의 일원으로 하나님께서 연결해 주신 오묘한 감동, 새로운 축복이 물결처럼 우리 가운데 흐른다.

어느새 아기는 가족임을 알아차렸는지 안심하고 방긋댄다.

우리는 차례대로 아기를 안았다. 포근히 머리를 기대올 때 전해오는 따사로운 체온, 감미로운 기쁨을 어찌 표현하랴. 쉴 새 없이 펑펑 사진을 찍어댄다. 며느리는 예쁜 미소로 아기와 눈을 맞추며 속삭인다. 아들도 아빠 역할에 익숙하다. 유모차를 끌며 앞에서 걸어가는 세 식구의 뒷모습이 더없이 정겹다. 학생들을 가르친다는 그들이 마치 젊은 유학생 부부 같다. 아빠가 된 아들이 초등학교 졸업할 때 우리 아버지, 외할아버지는 한 편의 시로 축하해 주셨다.

영재란 애다

비둘기 같다/ 순 하디 순한 새/ 아니다/ 파도 타 넘는 갈매기다/
푸름 위를 막 뛰는 갈매기다/ 영재란 애다, 우리 외손자다/
착 하디 착한 새/ 누구도 모른다/ 창공에 실은 꿈/ 구만리 장천에 꿈/
솟는다, 꽂힌다, 후빈다,/ 날쌘 갈매기다/ 영재란 애다, 우리 외손자다/

– (1985년 2월 15일 외손자 영재의 초등학교 졸업식 날에)

어린이 사랑에 푹 빠지셨던 아버지가 계셨다면 귀한 증손자, 보기만 해도 행복해지는 아기를 위한 시 한 편 써 주셨을 텐데. 부질없는 생각은 미풍에 실리듯 고요하게 비켜선다.

우리는 근처 공원으로 들어섰다. 아기는 공원을 좋아해 손짓하며 반긴다. 아기는 아기들 알아보나 보다. 아기들만 보면 손을 내밀며 좋아한다고 며느리가 전해준다. 귀여운 이탈리아의 아기들이 소리 지르며 놀이기구를 신나게 넘나든다. 평화스러운 공원은 아이들의 웃음소리로 생기가 난다.

그런데 나는 곧 헤어질 생각에 마음은 단풍잎 떨어지듯 쓸쓸해진다. 만나면 기쁘고 헤어짐은 슬프다. 파란 눈의 꼬마가 미끄럼 위에서 소리친다. “바보, 바보.” “뭐? 바보?” 아들, 며느리가 웃는다. 우리보고 바보라는 게 아니고 저기 아저씨 보고 그러는 거란다. 이태리말로 아빠가 바보라나. “뭐? 아빠가 바보라고? 하하하.” 아들을 바라보며 “아, 네가 바보로구나.” 우리들의 밝은 웃음이 멀리 퍼지며 울적한 마음을 실어 가버렸다.

나는 또다시 울적해진다. 이 천진난만한 아이들이 앞으로 맞닥뜨릴 세상은 절대 녹록지 않기 때문이다. 지구 한편에서 전쟁은 끊임없이 이어지고, 엄청난 자연재해로 수많은 사람들이 절망 속에 허덕이고, 사람의 마음은 더욱 피폐해 가는데 하나님은 침묵하시고, 나는 안타까운 심정으로 하나님께 떼쓰듯 간구한다. 아기들이 살아갈 미래의 세상은 좀 평화롭게 해주십사고. 사람들이 감당할 수 있는 시련만 주시라고. 그래서 아기들은 방긋대며 무럭무럭 자라고. 젊은이들은 희망차게 자기의 뜻을 넓히고. 노인들은 마음 놓고 내리사랑 할 수 있는 세상을 허락해 주십사고. 아, 억지 부리는 철부지를 향한 하나님의 슬픈 목소리가 들려오네. '그건 너희들의 몫이니라.' 부끄러워진 나, 알겠습니다. 고개를 숙였지만. 그래도 나는 계속 떼쓰고 싶다. 우리 손자와 세상의 모든 어린이를 위해서.

짙어가는 공원의 노을은 소리 없이 퍼진다. 마치 나에게 드리우는 황혼의 빛처럼. 그러나 우리 손자에겐 무지갯빛 희망이 되고, 세상은 먹구름이 가득해도 새해의 햇살이 어린이들을 위해 밝은 꿈을 심어줄 것이다. 손자를 바라보는 마음이 고요히 흔들린다. 그러나 그건 내 안의 감사 노래다.

2009. 1.

집 떠나는 젊은이들

내게는 외모와 재능을 겸비한 조카들이 있다. 그들은 하나같이 귀하고 자랑할 만하다. 아들과 딸에 대한 자랑은 첫째가는 바보이고, 손자 손녀 자랑은 '돈 줄게 하지 마.'에 '돈 내고 할 거야.' 한다는 우스갯말이 있다. 그런데 조카 자랑엔 짓궂게 딴지 거는 말이 없는 걸 보면 한 치 건넌 조카들 자랑은 별로 안 하는 모양이다. 역경을 딛고 성공한 어느 분의 책을 읽었는데 수재 아들들이라곤 하나 너무 자랑이 많아 좀 민망했다. 그러나 조카들에 대해서는 마음 놓고 자랑한들 누가 뭐랄까?

흐르는 세월을 타고 아이들은 성큼 자랐다. 귀엽던 꼬맹이들은 강산이 몇 번 바뀌자 어른들이 되어버렸다. 가까이 사는 형제들은 너나없이 빈 둥지를 지키며 늙어간다. 운이 좋아 시애틀에 모여 사는 우리 아이들과 조카들은 사이좋게 자랐고 즐거운 추억도 많다. 하지만, 이젠 동부 서부 사방으로 흩어졌다, 그들은 미국의 훌륭한 교육을 마치고 자신들의 삶에 충실히 살아간다. 우리집 아이들이 떠날 때 슬프고 섭섭했는데 조카들이라고 그 마음이 크게 다르지 않다.

지난 성탄에, 동생네가 10년 만에 얻은 외동딸 조카가 약혼자를 동반하고 왔다. 때마침 성탄 축하 장식들이 색색으로 반짝이며 그들의 사랑을 기뻐하고 환영하는 듯했다. 기대한 대로 늠름하게 잘 자란 멋스러운 청년이 순박하고도 자신감 넘치는 미소로 나이 든 고모, 삼촌들을 향해 인사를 했다. 풋풋한 젊은이들의 사랑은 축복이요, 희망이다. 세상의 그 무엇이 사랑하는 젊은 한 쌍의 아름다움과 견줄 수 있을까. 바라만 보아도 정겹고 흐뭇하고 감사하다.

십여 년 전, 이 조카가 고등학교를 마치고 대학 진학을 위해 먼 길을 떠날 때 가족들이 모여 송별예배를 드린 일이 떠오른다. 아, 그때는 우리 어머니가 계셨지. 어머니는 금지옥엽으로 키운 딸을 타주로 떠나보내며 서운해하는 아들 며느리에게 말했다.

“그저, 아이들 대학에 간다고 나가는 것, 초벌 시집, 장가 보낸다고 생각해라. 한 번 나가면 이젠 같이 살 생각하지 마라. 아이들 안 온단다. 게서 취직하고 결혼도 하지. 내가 너희들 키우며 겪었던 섭섭함이 이젠 너희들 차례구나. 비행장에 내려주고 집에 와서는 앙앙 울곤 했어. 그러다가 배가 고

프면 음식이 입으로 들어가더구나. 그러노라면 그들의 소식을 기다리며 다시 살 만하게 된단다."

나는 이미 아이들을 떠나보낸 후라 어머니의 말을 절감하고 있었다. 툭 건드리면 울 것 같은 그때의 동생 부부에게 어머니의 체험을 통한 경고(?)가 얼마나 매몰차게 들렸을까?

송별 식사를 나누고 예배를 드렸다. '하나님의 법도 안에서 사람들을 잘 사귀며 몸과 마음이 건강한 사람, 따뜻한 인격을 가진 사람이 돼라.'고 간절히 기도하던 고모부의 떨리는 목소리에 둘러앉은 가족들도 울컥했다. 자식을 멀리 보내는 부모의 마음은 다 같으리라.

예배를 마치고 삶을 에워싼 은혜에 잠겨 있는데, 느닷없이 할머니가 크게 말했다. "진선아! 학교에 갈 땐 밉게 하고 가거라!" 조카의 눈이 동그래지고 우린 모두 어리둥절했다. 그 당시 주니어 틴으로 최고의 크라운을 썼던 예쁜 손녀딸이 걱정스러운 할머니의 기발한 충언이다. 누군가 할머니를 거들었다. "그래그래, 진선아, 아주 밉게 꾸미고 다녀라! 하하하." 눈치챈 어른들의 박장대소로 울먹이던 먹구름은 사라지고 분위기는 반전되었다. 할머니가 계셨다면 이 행복한 젊은이들에게 어떤 유머 섞인 타이름으로 또 웃기셨을까.

여름에 그들이 결혼을 한다. 흩어진 자녀들과 만나는 기쁨을 꿈꾼다. 이젠 누가 결혼을 해야 다 모이는 경험을 몇 차례 했기 때문이다. 갑자기 이미 오래전 우리의 품을 떠난 아이들 그리움이 벅차오른다. '행복할 때 감사하고, 힘들 때 기도하고, 사랑을 주고받는 사람이 되어라. 하나님께서 너희들의 능력대로 주신 몫을 잘 감당하거라.' 떠나는 아이들을 위한 나의 기도였다.

세상은 여전히 어지럽고 스산하다. 팬데믹에 지구온난화로 인한 기후변화까지 겪고 있다. 인도에서는 수십 년 만에 눈 덮인 히말라야가 보인다는 신기한 소식이 있지만, 우리에게 전혀 위로가 되지 않는다. 어느 역사학자는 말했다. '폭풍은 사라지고 남은 자들은 다른 세상에서 살게 될 것이다. 나는 이 희망을 믿는다.'라고.

어떠한 변화가 와도 우리는 세상을 주관하시는 분을 신뢰하고 그 날개 아래 살아갈 것이다. 아침 햇살엔 눈이 부시고 철마다 정원엔 꽃이 피고, 열매를 맺는 자연의 질서는 유지될 것이기 때문이다. 서재엔 책이 늘어가고 젊은이들은 서로 사랑할 것이다. 나는 믿는다. 결국엔 최선을 다하는 선한 사람들이 세상을 이길 것임을.

우리는 하나님 사랑의 손안에서 맡겨진 일에 열심히 살면 되는 것이다. 늙어가는 부모, 고모, 삼촌들이 지켜온 이 소중한 믿음이 눈부시게 아름다운 한 쌍의 연인과 집을 떠난 우리의 젊은 세대에게 도도히 흐르는 강물처럼 이루어질 것을 간절히 바라며 두 손을 모은다.

2022. 12.

조카의 결혼식 날

결혼예배의 시작과 함께 구물거리던 하늘에서 햇빛이 쏟아져 내렸다. 마치 축복이 내리는 것처럼. 비가 쏟아질지 모르겠다는 걱정을 안고 있던 하객들은 일제히 쏟아지는 햇빛을 향해 미소를 지어 보였다.

온 식구가 그렇게 바라던 큰 조카의 결혼식 날이다. 신랑의 엄마인 내 언니는 이제나, 저제나 안타까운 얼굴로 혼기를 놓친 노총각을 바라보다가 아이고, 이젠 나도 모르겠다. 두 손을 번쩍 들며 단념 아닌 단념을 하고 나니 그제야 아름다운 여성이 나타났다. 결혼은 때가 있나 보다. 결혼뿐이겠는가. 무슨 일이든지 우리는 때를 기다려야 한다. 하나님께서 주시는 때.

조카는 바이올린을 연주할 때는 신들린 것처럼 용감하지만 여자 앞에서는 부끄럼쟁이였다. 여자들이 말을 붙이면 두리번거리다가 슬그머니 뺑소니치길 잘했다. 아니 저래서야 어디 장가를 가겠나? 꽤나 놀림을 받았다. 지나고 보니 나름대로 안목을 가지고 자기에게 맞는 여성을 찾았나 보다. 자기가 선택한, 오늘의 신부 앞에서는 당당하고 멋있다.

스노퀄미 골프장의 산과 산을 이어주는 계곡들은 초록색으로 물이 들어 싱그럽고 아름다웠다. 눈 부신 햇살을 받으며 당당하게 서 있는 신랑 앞으로 새하얀 면사포와 웨딩드레스에 감싼 신부가 음악에 맞춰 사뿐사뿐 들어올 때 나는 눈물이 핑 돌았다. 사랑하는 남녀 한 쌍이 새로운 가정의 출발을 서약하는 엄숙하고 거룩한 의식은 인생에 가장 뜻깊고 복된 일이 아니겠는가. 나는 마음 가득 축하를 담아 그들이 행복하길 기도했다.

어느 해, 가족들이 어머니에게 세배를 드렸다. 어머니는 제일 큰 손자의 세배를 받으실 때마다 장가를 가라고 하셨는데 그해에는 마음이 급했던지 환하게 웃으시며 "새해에는 꼭 새장가 가거라!"고 하셨다. 세배를 기다리며 둘러 서 있던 우리들은 으하하하, 박장대소. '그래, 새장가 가라. 헌장가도 못 갔는데 새장가라도 가야지.' 할머니는 너무 늦어버린 손자의 결혼에 조바심이 나서 헛말이 나왔던 것이다. 그 후에도 우리들은 늘 새장가 가라고 놀렸다.

결혼식엔 멀리 흩어졌던 우리의 아이들과 형제들의 자녀인 신랑의 사촌들이 몰려왔고, 반가운 하객들은 늦장가를 진심으로 축하해 주었다.

시애틀의 낮익은 성악가의 축가와 사촌 여동생의 바이올린 연주, 주례 목사님의 간절한 기도 사촌들인 늠름한 들러리들의 스피치, 맛있는 음식, 아름다운 꽃들과 훈훈한 덕담, 여기저기서 짓궂게 유리컵을 두드리는 딩동댕 소리… 신랑 신부의 최고의 날을 함께 기뻐하며 흥겨워하는 모습은 정말 사랑스러웠다.

흐뭇한 설렘으로 아름다운 신랑 신부를 바라보다가 결혼식에만 가면 생각나는 K 교수님의 주례사가 떠올랐다. 사랑하는 제자의 결혼식에서 간절히 말씀하셨던 주례사다.

그는, 행복한 가정의 조건으로 성경이 가르치는 사랑을 제시했다. 성경에서 말하는 부부의 사랑은 '에로스'가 아닌 '아가페'의 사랑이라고. 에로스는 사랑스럽기 때문에 사랑하는 것이고 아가페는 사랑스럽지 않을 때도 사랑하는 것이라고 말씀하셨다. 아가페는 하나님께서 인간을 사랑하시는 방법이므로 사람들도, 부부들도 이런 사랑을 해야 한다고 간곡히 말씀하셨다. 나는 이분의 주례사를 최고의 주례사라고 평소에 생각하고 있었으므로 오늘의 신랑 신부에게 알려주고 싶었다. 가정의 평화는 이런 사랑으로 오는 것이고 이런 사랑은 모든 사람들이 행복해지는 조건이 될 것이기에.

나는 우리들의 피붙이들을 바라보는 것만으로도 감사하고 행복했다. 오랜만에 만난 우리의 후손들이 밝고 듬직하게 성장했구나. 어릴 때의 모습이 사라지고 성년이 된 그들이 낯설기도 하고 자랑스럽기도 하다. 서로 어울려 웃음 가득한 얼굴로 사진을 찍는 젊은이들. 그들은 희망의 샛별들이다, 세상의 미래다. 형형한 빛으로 변하며 발전하는 하나님의 축복이다. 보석처럼 빛나는 너희들이 장래의 주인공이란다.

조카의 결혼식 날은 초록빛으로 물든 풋풋한 향기가 하나님의 손길을 통해 꽃처럼 피어나고 있었다.

2019. 3.

우리는 가족입니다

컴퓨터를 켰다. '딩덩 댕~' 작은 신호가 울리면서 화면이 밝아진다. 때를 기다렸다는 듯이 여섯 살 손자가 쪼르르 달려와 냉큼, 내 무릎에 앉는다. 어느새 세 살짜리 동생도 쌩~ 하고 나타나 내 옆에 바짝 기댄다. 나는 두 녀석을 감싸 안는다. 아이들은 반색하는 내 표정이나 들뜬 내 마음 따위엔 관심이 없다. 눈을 반짝이며 모니터를 바라보고 큰아이는 마치 자기의 것인 양 이것저것 마구 손을 댄다. 순간, 신나는 음악과 함께 만화영화가 화면에 가득 퍼진다. 원 세상에, 어디를 클릭한 거야? 나는 두리번거린다. 꼬마들의 눈은 붙박이처럼 한 곳에 반짝이고 내 무릎과 옆구리엔 따스한 온기가 스며든다.

말은 '시애틀 할머니'라고 하면서도 가까이 가면 찬바람이 스쳐간다. 사내 녀석들인데도 낯가림이 보통 아니다. 우리집에 온 지 며칠이 되었건만 곁을 주지 않는다. 손을 잡으면 슬쩍 뺀다. 눈을 맞추면 웃는 듯하다가 홱 돌린다. 녀석들은 컴퓨터에만 정신이 팔렸다. 웬일로 서재에 갔지? 뛰어온 아들은 '드디어 엄마가 기회를 잡으셨네.' 하는 표정으로 웃다가 스마트폰으로 사진을 찍는다.

아들 가족과 딸 부부가 우리집에서 함께 모인 건 거의 10여 년 만이다. 그들은 대학에 진학하면서 집을 떠났고 그곳에서 직장을 얻었고 결혼도 했다. 그들의 인생은 그들의 노력대로, 운명을 개척해 간다. 남편과 나는 섭섭함을 달래다가 자유로움과 편안함으로 바꾸었다. 지갑, 열쇠, 여권 같은 것 잘 건사하고, 현미밥 먹어라. 기름기, 음료수, 인스턴트 음식, 그런 거 먹으면 안 되는 것 알지? 차 조심하고. 그런 쓸데없는 걱정들이 옛 노래가 되었건만 아직도 불쑥불쑥 튀어 나온다.

조카가 결혼을 하게 되어 다른 도시로 흩어졌던 사촌들이 활기차게 모여들었다. 엄마요, 이모, 고모, 삼촌인 형제들은 떨리는 반가움과 감사로 듬직한 그들을 얼싸안는다. 사랑스러운 가족들! 우리들의 후손들! 한껏 차려입은 아이들은 당당한 어른들이 되었다. 중년을 바라보는 아이들도 있으니까. 우리가 이민을 왔을 때 오늘의 신랑은 아기였다. 대부분 아장아장 걸었다. 그때 형제들은 젊음으로 눈이 부셨으리라. 아, 물론 부모님도 정정하셨지. 강산이 세 번이나 변한걸. 젊은이들은 피로연에서 흥겹게 춤을 추며 신이 났다. 그들은 영어, 우리들은 한국말. 그들의 대화엔 웃음꽃이 피고 황혼들은 추억만 들춰내다가 외로움을 털어내듯 사진만 펑펑 찍어댄다.

결혼식 후, 시간이 빠듯한 조카들은 서둘러 떠났다. 그들의 삶의 터는 부모들과 상관없는 듯 순식간에 소나기 지나가듯 사라졌다. 어물어물하는 사이 집안의 어른들이 되어버린 형제들은 아차, 우린 빈 둥지였지? 현실을 실감하며 희끗대는 머리를 쓸어 넘긴다.

우리 아이들과 복작대던 즐거움도 짧았다. 결국 꼬마손님도 짐을 싼다. 정들자 이별이다. 손자들이 더 크기 전에, 우리가 더 늙기 전에 자주 만나자는 무언의 약속은 각자의 마음에 담고 사랑의 끈만 붙들고 서글픔을 달랜다.

아침에 일어나면 드르륵 창문을 열고 작은 정원을 바라본다. 파라솔 아래엔 아무도 없을 줄 알면서도 매일 아침 내려다본다. 모락모락 커피향기 날리며 깔깔대던 아이들의 웃음소리가 이슬처럼 굴러갔는데. 텅 빈 집 안을 서성인다. 같이 밥을 먹던 아이들은 다 어디로 갔을까? 한순간에 잃어버린 것 같다.

두레상에 둘러앉아 한솥밥을 먹던 어린 시절의 그림이 떠오른다. 모두가 고달팠던 시절이다, 보리밥에 멸치가 둥둥 떠 있던 양배춧국에 고춧가루가 모자라 허여멀건 무김치만 먹어도 아빠와 엄마만 있으면 아무 걱정이 없었다.

1.4 후퇴였다. 피난길에 오르기 전 꼬맹이 언니와 나는 다

시는 올 수 없다고 생각했을까? 신통하게도, 앨범에서 가족들의 사진을 떼어 냈다. 엄마 아빠의 결혼사진, 할머니 사진, 고모들과 삼촌들의 사진을. 그중에 단 한 장, 일가친척이 다 모여 찍은 사진이 있다. 할머니의 회갑이라던가. 젊디젊은 엄마는 반 호장 저고리를 입고 아기를 안고 있다. 아기는 맨발에 제멋대로인 짧은 머리다. 단이 뜯어진 뜨개 바지를 입은 볼품없는 아기는 나다. 할머니, 큰아버지, 작은아버지, 큰고모, 작은고모, 사촌오빠 언니들, 알 수 없는 친척들도 있다. 나의 조상들이다. 피곤하고 지친 모습인 그들은 하나같이 웃지 않고 똑바로 서 있다.

가난했고, 힘들었던 일가들의 모습이 남루하다. 이분들과 내 자식, 내 손자들과는 무슨 관계일까? 전혀 상관이 없는 딴 세상 사람들 같다. 이때는 아마 일제의 수렁에서 해방이 된 해, 또는 그 이듬해였지 싶다. 할아버지는 독립운동을 돕다가 빚만 남기고 아버지가 15살에 돌아가셨다고 했다. 해방은 됐으나 일가친척들은 곧 흩어지고 말았다. 공산정권이 북을 점령하고 드디어 6.25가 터졌으니까. 큰아버지는 교회에 다닌다고 총살을 당했고 작은고모는 수용소로 끌려갔다는 소식을 들었다.

우리의 부모 세대는 그 이후로도 계속되는 온갖 어려움과 시대의 수모를 겪으면서 우리들을 키우셨다. 부모들은 한국전쟁과 분단의 희생자들이었다. 민족의 고난은 조상들의 고난이 되었으며 부모들의 아픔과 눈물은 우리 민족의 아픔과 눈물의 역사가 되었다. 우리의 아이들과 손자들은 동족상잔의 비극을, 한반도의 분단을, 피난 시절의 슬픔을, 한 맺힌 조상들의 삶을 알 수도 없고 알 필요도 느끼지 않을 것이다. 지구촌이라는 이름으로 다민족의 삶을 이루고 있는 이 시대의 이별도, 남과 북의 분단도 모자라 이젠 온 세계로 흩어져 살고 있는 디아스포라다.

아버지는 1973년에 태평양을 건너 미국에 오셨고, 우리 가족도 1986년에 이민의 길에 올랐다. 강산이 변하고 또 변하는 동안 부모님은 세상을 떠나고, 우리도 세월을 밟으며 뒤를 따르고 있다. 우리가 자랄 때만 해도 공부를 열심히 해서 국가와 사회에 공헌하는 삶이 바람직한 인생이라고 배웠건만 후손들의 사회는 한국일까? 미국일까? 스마트폰으로, 전자책으로 글을 읽고 게임에 빠진다.

모든 정보를 컴퓨터에 의지하고 있는 후손들은 속도의 시대에서 빠른 변화를 숨차게 따를 뿐이다. 할아버지의 세대가, 아버지의 세대가 겪은 역사에 대하여, 동족상잔의 비극은 무엇이며 한반도의 분단은 왜 이루어졌나, 하는 문제가 그들에게 무슨 의미가 있단 말인가? 이것은 또 하나의 단절이 아니고 무엇이랴. 소통의 부재, 어른들이 쓰는 한국말과 아이들이 하는 영어에 서로가 어리둥절하고 자신들의 주체성을 고민하고 있는 한 이민자들의 가족관계는 새로운 분단이 되고 말리

라. 세월과 함께 선대가 겪었던 역사와 우리 시대가 당했던 경험들이 역사 속으로 묻히고 말겠지. 함께 밥을 먹어야 가족이었던 세대는 흘러가고 아름답던 한민족의 두레상 가족은 늙은이들의 그리움으로만 남았다.

뉴요커인 아이들은 활기찬 리듬을 타고 전쟁 같은 생활을 하고 있을 게다. 해바라기 우리들은 손자들의 모습은 동영상으로만 만나며 간간이 전선을 타고 흘러오는 그리운 아들, 딸의 목소리와 부모에 대한 따뜻한 배려에 위로를 받는다. 칸트가 말했던가. "자식들이 조금씩 나아짐으로써 인류와 이 세계의 미래는 조금씩 진보해 간다."고.

젊은이들은 고즈넉하던 집 안에 신선한 바람을 가득 채워주고 갔다. 하지만 생글거리는 손자들은 '한 치 건너 두 치'란 말대로 조금 먼 것 같다. 물론 함께 살아보지 못한 이유도 있겠지만. 떠나는 날 남편과 나는 손자들과 억지로 사진 한 장을 더 찍었다. "할머니에게 인사해." 아빠의 명령에 "빠~이, 그랜마!" 고사리손을 흔든다. 가슴이 뭉클댔다. 그래, 내리사랑은 여전히 살아서 아래로, 아래로 내려와 부모님의 내리사랑이 그러했듯이 우리의 내리사랑도 너희들은 이어받으리라. 억지로라도 희망을 가져 보았다. 그제야 흔들리고 슬펐던 마음에 따뜻한 평온이 왔다.

다시 빈 둥지가 된 집 안을 서성이며 마음으로 부르짖는다. 가족은 우연인 것 같지만 필연이야. 필연은 행복하게 하지만 때로는 애타게도 하고 아프게도 하겠지. 필연의 감사는 아픔도 염려도 이길 수 있어. 기쁨이 담긴 사연들과 그들의 발전은 가족의 역사로 이어지고 한민족의 역사로 남게 될 거야 그래, 너희들은 오랜만에 느슨해졌던 가족의 끈을 단단하게 매어주고 갔어. 기쁨과 쓸쓸함이 교차한다.

지금도 무릎과 옆구리엔 손자들의 체온이 따스하게 배어 있다. 녀석들의 따뜻함에서 한민족의 피가, 우리 조상들의 얼이 밑바닥에 흐르고 있음이 분명하다. 없어졌던 두레상을 마음속에 다시 편다. 한솥밥 가득 후손들과 나누는 심정으로 두레상을 새로 만든다. 시대를 아우르는 새 두레상은 우리와 그들을 연결한다. 마음과 마음이 이어진 동그란 두레상에 우리는 언제나 함께 둘러앉는다. 음식만 나누는 것이 아니라 대대로 이어온 정신적인 영양을 듬뿍 섭취할 수 있는 귀한 두레상이다. 나는 나답지 않게 조금 엄숙해진다.

'아들아, 딸아, 손자, 조카들아! 어디서 살든지 우리는 한민족이요, 한 가족이란 걸 잊지 말고 후손들에게 그 깊은 인연을 전해다오. 가족은 축복이요, 희망이란다.

뚝 떨어진 눈물 한 방울이 손등을 간지럽힌다.

2014. 9.

옥 송아지

시어머니의 기일에 친구 S에게서 이메일이 왔다. 옥 송아지가 무럭무럭 잘 자라고 있단다. 시어머니의 소식이 온 듯 반갑다.

친구는 '한국기독교사회발전협회'란 단체의 사무국장으로 일하고 있다. 약간 긴 명칭의 이 단체는 아시아의 저개발 국가에 암소 보내기 운동을 하는 기관으로 중국, 인도, 베트남, 동티모르, 미얀마를 지원하고 있다. 암소는 지금까지 400여 마리가 전달되었고 새끼도 많이 낳았다니 가난한 사람들에게 희망이 되었을 게다. 어떤 교회에서는 한꺼번에 50마리를 전달하기도 했고 고마운 약속들이 많이 있다고 들었으니 지금은 얼마나 늘었을까.

시어머니 송수옥 권사님! 어머니는 말씀이 없는 조용한 분으로 표현을 잘 안 해서 좋으신지, 싫으신지 분간이 어렵다. 그러나 늘 온화한 미소를 담고 계시는 걸 보면 부족한 면도 불만족도 사랑으로 참으며 감싸주시는 것을 알 수 있다, 나는 어머니에게서 깊은 물의 표면이 잔잔하듯 굳이 말로 나타내지 않아도 큰 사랑이 있다는 것을 안다.

나는 맏며느리다. 이민 오기 전까지 일한다는 핑계로 어머니와 아기자기하게 지내지 못했다. 그러니까 시집살이도 없다. 맏며느리로서의 역할을 잘 해보려고 애썼던 성의는 어머니도 알고 계셨으리라 믿고 있다. 좀 친근해 보려고 한국에서 살 때는 찾아뵈었지만 미국에 와서도 해마다 생신이나 성탄에 선물과 함께 카드를 보내 드려도 별말씀이 없으셨다. 그래서 카드 보내기는 오랫동안 혼자만 하다가 흐지부지되고 말았다. 일일이 답장은 안 하셔도 어머니의 마음을 알고 있기에 별로 서운하지 않았다. 멀리 살면서 맏며느리로서의 역할은 예의를 지키려는 노력뿐이었으니 좋은 며느리는 못되었다. 세월이 지나면서 서울에 있는 형제들이 잘 모시고 있어서 안심한 맏며느리는 그 역할이 점점 희석되고 말았다. 어머니는 후덕한 목사 사위와 막내딸의 효도로 92세의 천수를 누리셨다.

나이 들어 노쇠해지셨지만 그런대로 건강하시던 어머니가 갑자기 돌아가셨다. 놀라 허둥대며 남편 혼자 서울로 떠나고 나는 며칠 동안 아쉬움과 후회의 눈물을 흘렸다. 그동안 잘못했던 것들, 자주 연락도 못 드렸고 멀리 있기 때문에 무심했던 일들에 가슴이 아파 하나님께 용서를 빌며 어머니를 위해 기도했다.

우리가 이민 오는 날 마지막 인사를 드릴 때 건강들 하라고 빨개진 눈으로 애써 웃으시던 모습을 떠올리며 가슴이 아팠다. 그 모습은 지금도 잊히지 않는다. 맏아들이 부모 형제를 두고 멀리 떠나는 일에 겉으로는 원망하지 않으셨지만, 그 마음은 오죽하셨을까. 지금, 아이들을 다 키우고 보니 나였다면 그 슬픔을 어찌 참았을지, 어머니의 마음을 이제야 알겠다. 알면 뭐하나. 어머니는 이미 떠나셨는데.

시댁 형제들도 잔정이 없어 보였지만 따뜻한 속마음들이 있어 힘든 가족들을 잘 돕고 있다. 형제들끼리 싸움이나 말다툼하는 모습은 본 적이 없다. 너무 착하기만 해서 손해 본 일도 많았다고 들었다.

장례를 마치고 남편이 돌아온 후, 어머니를 위해 기념될 일을 생각하며 찾았다.

드디어 시어머니를 기리는 사랑이 베트남의 한 농가에 전해졌다. 암송아지를 보내면서 우리는 어머니 성함의 끝 자를 따 '옥 송아지'로 이름을 지었다.

가난했던 우리나라도 한때 농가에서 소 한 마리는 큰 재산이었다. 논, 밭의 경작을 돕고, 수레를 끌고, 새끼도 낳아 살림을 일으키고, 자식들을 공부 시키는 밑천으로 삼고, 결혼비

용을 불리는 든든한 재산이 되었듯이 베트남과 여러 나라에 보내지는 송아지 한 마리는 한 가정의 가난 극복과 자립을 위한 디딤돌이 된다고 했다.

시어머니의 성품을 보여주는 듯 봉사와 섬김을 가르치는 암소는 그분의 삶에도 합당한 기념이라고 여겨져 부족하지만 뜻있는 일로 위안을 받는다.

어머니는 평생을 새벽기도로 삶 전체를 하나님께 맡기고 고생을 감사로 견디며 자녀들에게 짐이 안 되셨다. 어머니가 남기신 것은 재산도 아니요, 이름 석 자도 아니다. 새벽기도로 다져진 건강과 성경 읽기와 기도의 모습은 신앙의 본으로 남겨졌다. 시댁은 삼대째 장로 집안으로 장로인 남편과 함께 오 남매 형제들과 그 자녀 모두 목사요, 선교사, 장로, 전도사, 권사로 봉사하고 있으니 이것이 어머니의 신앙을 유산으로 받은 증거다.

내색 없이 마음으로, 기도로 사랑을 주셨던 어머니의 깊은 마음을 간직하기 위한 나의 정성과 사랑, 옥 송아지가 퍼지고 퍼져 베트남의 한 가난한 가정에 희망을 줄 수 있기 바란다. 하늘나라에 계신 어머니, 함께 기뻐해 주세요.

2018. 4.

어머니와 양배추

동글동글 양배추가 쌓여 있다. 다듬지 않은 녹색 거친 겉잎에 눈길이 머문다. 아, 양배추 겉잎! 한 개를 집어 든 손에 정겨움이 묻어온다. 그 옛날 양은그릇에 담아 밥상에 올린 양배춧국이 민망해 엷은 미소를 띤 젊은 엄마. 웃음 가득한 아버지의 얼굴도 겹쳐 보인다.

어린 시절 우리 6남매는 한 작은 교회 사택에서 살았다. 가끔 친척이 한두 사람이 얹혀살기도 했다. 가난한 살림에 끼니때마다 어머니는 얼마나 힘이 들었을까. 계속 모자라는 찬거리를 감당할 수 없었던 어머니, 하루는 시장의 어느 채소 가게에서 다듬고 버린 시퍼렇고 뻣뻣한 양배추 겉잎을 몽땅 모아왔다. 사택에서 살 때라 늘 교인들이 드나들기 때문에 이 볼솜만 한 보퉁이를 마루 구석에 감추어 두었다.

한데, 이를 어쩌나! 권사님 한 분이 "사모님 계세요?" 하며 들어오시는 게 아닌가? 엄마의 얼굴이 빨개지며 보퉁이를 바라보다가 눈이 마주쳤다. "아니 사모님, 이게 뭐유? 혼자서 몰래 잡수려고 감추어 놓으셨어요?" 하며 꾸러미를 들춰본다. 당황한 권사님은 "아이고, 사모님… 애쓰시우." 하다가 얼른 딴청을 한다. 창피함은 권사님으로 끝났고, 한동안 간이 잘 밴 양배추김치와 멸치가 둥둥 떠 있는 국은 얼마나 맛이 있었던가.

오랜 시간이 흐른 후 후 언니와 나는 결혼을 했고, 부모님과 동생들은 미국에 이민했다. 양배추의 비밀을 혼자 간직하던 그 권사님은 할머니가 됐고 위암으로 고생한다는 소식을 들었다. 언니와 내가 병문안을 갔더니 수척해진 몸이지만 옛날이야기로 생기가 돈다. 양배추쌈이 있는 밥상이 들어왔다. 감추어 두었던 양배추 겉잎 사연이 떠오른 건 당연하다. 그 당시 부모와 동생들이 그리워 툭하면 눈물이 나던 때다. 참지 못한 권사님은 이불 보따리 이야기를 꺼내신다. 깔깔대며 웃다가… 언니와 나는 고개를 들지 못하고 뿌옇게 가려진 밥상을 내려 보다가 울고 말았다. 놀란 권사님은 "그렇게 고생하셨지만, 지금은 미국에서 자녀들의 효도를 받으며 얼마나 행복하냐? 재미있자고 한 말인데"라며 쩔쩔맸고, 잠시 동안 어색한 분위기가 감돌았다.

마트에서 사 온 양배추 한 덩어리를 식탁에 올려놓고 서늘해진 가슴을 달래다가 양배추의 진가가 궁금해졌다. 어머니의 사랑 외에 무엇이 더 필요할까? 그래도 컴퓨터 자판을 두들겨 본다. 비타민A, B1, B2, C, E, U, 칼슘, 철분, 아미노산… 풍부한 영양소가 놀랍다. 그렇군, 소화에도 좋고, 위염, 위궤양, 위암도 예방한다니 매일 양배추즙을 한 잔씩 먹으면 위병은 물론 다이어트, 피부미용에도 효과가 있다고 하니 얼마나 좋은 채소인가?

오랜 세월이 흘러 미국에 다 모인 자리에서 어머니가 이불보따리 사건을 잊은 듯 양배추 선전에 열을 올린다. "거 왜 아무개 권사님 말이다. 손자가 위병이 나서 밥을 잘 못 먹었잖니. 매일같이 양배추즙을 만들어 먹였다는구나, 손자가 안 먹으니까 울면서 먹였어. 그 정성으로 위병이 다 나아 밥을 잘 먹는대. 너희들도 살짝 삶아서 쌈으로도 먹고… 양배추, 많이 먹어라."

양배추 겉잎 가득한 이불 보따리를 머리에 이고 어색하면서도 기뻐하던 젊은 날의 어머니 모습이 어른거린다. 자식들을 얼마나 사랑했으면 창피를 무릅쓰고 그런 용기를 냈을까. 효능이 무슨 문제랴. 양배추 겉잎에 담긴 어머니의 사랑과 손맛 때문에 멸치가 없어도 억센 양배추는 누그러졌고 국은 달았다. 그 사랑을 먹고 자라던 올망졸망 우리는 배고픔을 몰랐다. 반찬이 없는 날엔 더 유난스레 "와, 맛있다. 정말 맛있구나." 분위기를 붕 뜨게 만들었던 아버지의 능청도 한몫했었지. 가난했지만 부드럽게 풀어진 양배추 잎처럼 서로 어울려 달짝지근한 사랑으로 우린 행복하게 자랐다. 가족들을 배불리 먹여야 한다는 젊은 엄마의 깊은 사랑은 세월이 가도 변함이 없었기에 우리, 육 남매는 오늘도 시애틀에서 건강하게 늙어 간다. 그 자양분이 우리들의 후손들에게도 아낌없이 흘러들기를 바라면서.

겉잎이 퍼런 양배추를 바라보며 새삼 깨닫는다. 가난한 밥상에도 사랑이란 단맛이 보태지면 아이들은 밝게 자란다는 것, 또한 사랑을 먹고 성장하면 고인 그 사랑으로 내 가족 내 이웃을 사랑하게 된다는 것을. 웃음꽃 속에 희망이 싹트고, 어제의 사소한 기쁨들이 오늘의 감사가 되었다. 비록 양배추의 얼룩진 녹색 겉잎으로 차린 밥상이었지만 불만 없이 즐겨 먹은 우리를 흐뭇하게 바라보는 어머니, 그 사랑 속에 행복했던 우리의 경험은, 작은 천국과 무엇이 다르랴?

2022,. 7.

뉴욕의 5박 6일

지난 성탄절에 뉴욕의 아들로부터 초청을 받았다, 흐뭇한 남편은 일찍이 보내준 항공 티켓을 드르륵 복사하여 나에게 안겨 준다. 즐거운 A4용지를 잘 보이는 곳에 붙여 놓고 오가며 본다. 볼 때마다 행복한 기다림이 가슴을 두근거리게 한다,

과연 뉴욕은 활기차고 현란했다. 도시 전체가 크리스마스 장식으로 반짝였고 캐럴과 함께 밀려다니는 사람들의 거대한 물결은 역동적인 생명력이 넘친다. 나는 마치 이방인처럼 주위를 두리번거린다.

아들은 구경하고 싶은 곳과 먹고 싶은 것을 묻는다. '그저 너희들과 마주앉아 쳐다만 보아도 더 이상 바랄 게 없단다.' 답은 이렇게 애틋하련만 그들이 엄마의 마음을 어찌 알랴. 무

엇을 하든 우선순위는 소중하고 사랑스러운 가족인 것을.

딸 내외와 사돈까지 합세한 크리스마스이브의 만찬은 아들이 차렸다. 요리 못하는 나에게 이 무슨 복인가. 사위의 요리 솜씨는 이미 소문이 났다, 시애틀에 오면 엄마의 걱정을 지우듯 소매를 걷어붙이고 부엌으로 들어서는 우리 아이들의 솜씨가 보통은 넘는다, 사랑하는 사람들과 맛있는 음식을 먹는다는 것, 그 이상의 행복이 어디 있을까. '하늘 아래서 수고한 보람으로 먹고 마시며 즐기는 일이 곧 멋지게 잘 사는 것'(전 5:17)이라고 구약의 전도자도 말했다. 그런 멋진 삶이 인생이 누릴 몫이라 하지 않던가.

훌쩍 자란 손자들은 눈을 반짝이며 선물 포장 뜯기에 정신이 없다. 이미 이 세상에 산타클로스 할아버지는 엄마와 아빠였다는 것을 알게 되었으니 산타를 기다리지 않는다. 어느 작가의 말대로 산타클로스를 믿다가, 믿지 않다가, 결국에는 본인이 산타클로스가 되는 것이라고 한 말의 의미가 새롭다.

'세인트 토마스' 성공회 교회에서의 크리스마스예배는 거룩하고도 아름다웠다. 그곳에는 요즘 교회마다 유행인 복음성가와 드럼의 분주함은 없다. 유명한 성가대의 영혼 깊은 데서 흐르는 맑은 성가만으로도 은혜가 충만하다. 주고받는 찬송의 흐름과 청중이 화답하는 기도 속에 우리의 소망을 담는다. 세계 도처에 전쟁과 슬픔이 가득하지만, 그곳에 하나님이 계심을 느끼며 그 뜻을 헤아린다. 구름 떼 같은 사람들이 앞으로 나가 꿇어앉아 성체를 받아먹고 포도주를 마시는 성찬 예식도 신비로웠다. 내 몸과 영혼이, 내 생각과 뜻이, 내 삶의 방향이 하나님의 영광에 참여하고 싶은 간절한 기도를 깊게 한다.

'메트로폴리탄'의 오페라 「마술피리(Magic Flute)」! 마치 꿈속을 헤매고 있는 것 같았다. 모차르트의 노래들은 얼마나 감미로운가. 과연 뉴욕 가수들의 열창은 나의 가슴을 감격으로 뛰게 했다. 성탄예배를 위해, 오페라 감상을 위해 길에까지 줄을 서서 들어가던 모습은 또 있었다. 세계에서 가장 유명하고 아름답기로 손꼽히는 도서관의 하나인 '뉴욕공립도서관'에서. 줄 이은 여행객들의 숨죽인 질서와 빈틈없이 앉아 책과 컴퓨터 앞에 집중해 있는 공부벌레들의 진중한 눈빛이 경이롭다. 그렇다. 나는 세상에 빛을 나르는 교회와 지식을 넓히는 책이 가장 존귀한 선망이며 지금도 많은 사람들이 사랑하고 있다는 것을 새삼 확인할 수 있었다.

오늘날 세상은 너무 빨리 변해간다. 언젠가 신문에서 읽은 '50년 후에'라는 기사가 떠올랐다. 평균수명은 40%나 늘고, 동물과의 의사소통이 가능하며, 외계의 생명체가 발견될지 모른단다, 그때는 100세의 노인이 60대처럼 될지 모른다나. 그 기사를 읽은 것도 몇 해가 지났으니 지금은 또 어떤 예측이 추가됐을까. 현대판인 바벨탑, 무섭다. 과연 우리의 아이들이, 그다음, 그다음 아이들이 주인이 될 세상은 어떤 모습일까?

궁금하고 두렵다.

헤어질 시간이다. 결코, 만만치 않을 세상에 살아갈 천진한 손자들이 안쓰러워 왈칵 눈물이 나려고 하는데, 꼬마들은 이른 세배를 한단다. '새해에 복 많이 받으세요.'를 즉석으로 외우며 말과 절이 헷갈리던 녀석들과 함께 웃음이 터졌다. 석별의 분위기를 웃음판으로 만들었으니 잘된 셈이다. 가슴 벅찬 만남이 있은 후 아린 헤어짐이 있다는 것은 인간이 겪어야 하는 순리인 것을. 젖어오는 마음 깊은 곳에서 꽃잎이 떨어진다.

여행이란 무엇인가? 일찍이 마르셀 프루스트*가 말하지 않았던가. '참된 여행은 풍경을 찾는 것이 아니라 새로운 눈을 갖는 것'이라고. 그렇다면 내게 여행이란, 흩어졌던 가족들과의 사랑이 새롭게 이어지는 것과 함께 다른 삶의 의미를 이해하는 것이고, 자연을 만드시고 모든 것을 제자리에 있게 하신 섬세하고 오묘한 세상에서 나는 행복한 하나님의 작은 피조물이라는 정체성을 겸허하게 받아들이는 것이라고 마침표를 찍는다.

비행기는 두 날개를 휘저으며 항로를 따라 소리 없이 날아간다. 읽고 있던 책의 무게를 느끼며 눈이 감긴다, 이 거대한 문명의 이기는 깜깜한 하늘길을 어찌 알고 가는 것일까. 기적 같은 신비에 몸을 맡기며 스르르 밀려오는 피곤함이 달콤한 잠으로 이끈다. 그동안 시애틀엔 광풍과 많은 비가 내렸다지만 다정한 이슬비가 우리를 환영한다, 새해의 태양이 먼저 와 있는 제2의 고향, 돌아올 곳이 없다면 여행이라 할 수 없다고 하지 않던가. 반가운 시애틀의 초록이 '웰컴, 시애틀'을 합창하고 있었다.

2007. 1.

*마르셀 프루스트: 프랑스의 소설가, 수필가, 평론가(1871-1922)

자개장

'우지직!' 거친 숨을 토해내듯 비통한 소리를 내며 새까만 널빤지가 빠개졌다. 남편은 또 하나의 널빤지를 층층대에 걸쳐 놓고 힘을 실은 구둣발로 사정없이 밟는다. 속수무책으로 그 비명을 듣고 있자니 내 가슴도 찌릿 댄다. 반짝이는 자개장의 문짝과 오각형의 동그란 문고리를 바라보던 남편이 "다 부셔도 되는 거지? 정말이지?" 그도 민망한지 이미 엎질러졌는데도 괜스레 다짐이다. 토막 난 널빤지 한구석에 박혀 있는 자개가 눈물방울처럼 반짝인다.

여름에 뉴욕에 사는 아이들이 온다기에 가구들을 옮기다가 삐걱거리는 삼층장이 눈에 거슬렸다. 옆구리가 터져 흔들거리는 부실하고 낡은 꼭대기의 장을 이참에 없애버리기로 한 것이다. 겉으론 멀쩡해 보였건만 부수고 보니 쓸모없는 판자 쪽이 되어 널브러져 있다. 아무렇게나 살아서 정신과 육체가 빈약해진다면 나도 저 자개장의 운명처럼 되고 말겠구나. 두려운 생각이 스치고 지나간다.

낮아진 장, 삼층장은 이층장이 되고 말았다. 어머니가 계셨다면 뭐라고 하셨을까? "야들이 정신이 없구나. 이 귀한 걸 빠개버리다니."라고 하셨을 게다. 어머니가 그렇게 좋아하시던 자개장인데. 그러나 온전치 못한 삼층을 힘겹게 이고 지탱하던 이층은 이제야 안정이 되었다는 듯 제법 다부져 보인다.

평양에서 피난 온 청년이 있었다. 우리 아버지를 큰형님같이 생각하며 존경하고 의지해서 어머니도 무척 사랑했던 그는 육군 장교가 되었다. 장교 아저씨는 휴가만 되면 씩씩한 모습으로 우리집에 오곤 했다. 올 적마다 푸짐한 선물 때문에 우리 형제들에게 인기 최고였다. 한번은 길에서 복숭아를 팔고 있는 아저씨를 데리고 와서 두 접도 넘을 성싶은 복숭아를 커다란 함지박에 와그르르 쏟아 놓게 하고 값을 치르기도 했다. 사과는 두 상자, 곶감은 한 자루, 뭐 이런 식이었다.

그런데 이 아저씨가 대학을 갓 졸업한 언니에게 눈독을 들인 줄 어찌 알았겠는가. 드디어 어느 날, "따님을 저에게 주십시오." 각오가 단단한 표정으로 말했다. 당황한 어머니는 "에구, 우리 딸은 아직 어리고 몸이 너무 약해서…." 우물쭈물하셨다. "문제없어요. 내가 보약을 먹이면 돼요." 장교 아저씨는 자신만만이다.

청년이 무던하고 능력이 있으니 나이가 많으면 어때? 하다가도 언니의 뾰로통에 그만 입도 벙긋 못했다. 그는 이웃 처녀 기다리다 늙어버리겠다고 한숨을 쉬다가 따라다니던 노처녀와 결혼을 하고 말았다. 새신랑은 보란 듯이 우리 부모를 초대했는데 신혼 방 한쪽 벽에 번쩍이는 자개장이 쭈르르 있었단다. 어머니는 부러워하며 감탄을 하셨다.

가난했던 어머니는 더 가난한 집으로 시집을 오면서 옷장이 다 뭐야, 이불 한 채와 숙수치마에 무슨 저고리라나, 그거 한 벌이 혼수였단다. 그래서였을까, 어머니는 자개장을 갖고 싶어 하셨다. 신혼방의 자개장 이야기를 하시며 언니를 시집 보내지 못한 걸 아쉬워하는 눈치였다. 언니와 내가 결혼을 할 때도 어머니의 자개장 타령은 끝나지 않았다. “경대와 장식장 말이야, 비싸지 않은 걸로….” “뭐? 자개장? 아유, 할머니들 방같이 되라고?” 코웃음을 치고 말았으니 어머니가 얼마나 섭섭해하셨을까.

우리가 이민 올 때 자개장에 한이 맺힌 어머니에게 그걸 선물하고 싶었다. 우리는 물어물어 영등포 어디였는지 기억에 없지만 자개장을 만드는 공장에 가서 최상품은 못 되지만 중품 정도로 삼층장, 작은 장 세트, 경대, 문갑, 둥그런 찻상에 올려놓는 유리까지, 우리 아이의 키만 한 꽃병, 보석함, 앉은뱅이 경대…. 참 정신이 없었지, 그런 걸 다 어쩌겠다고. 하여간에 이민 짐 속에 함께 온 선물들은 어머니 방에서 쭈르르 번쩍거렸다. 어머니는 일흔을 바라보며 미국 땅에서 소원이 성취되었다. "우리 둘째사위, 마음도 좋지. 이걸 다 나한테 사다주었구려." 아무에게나 자개장에 대한 자랑은 오랫동안 이어졌다. 우리가 자리를 잡을 때까지 두 해를 어머니 집에서 같이 살았는데 툭하면 "이거 네 거다. 집 사갖고 이사 갈 때 가져가거라." 다짐하곤 하셨다.

드디어 이사 가는 날, 어머니와 옥신각신하며 간신히 자개장을 놓고 나왔다. 그런데 결국 이 장들은 내 차지가 되고 말았다. 어머니는 느닷없이 정신이 똑똑할 때 다 나누어 주어야지! 하시며 어머니의 애장품들과 선물로 받았던 물건들을 본인들에게 나누어주기 시작하셨다. 결국 자개장은 쫓겨 오듯 내 방으로 쳐들어 왔다. 어머니는 우리집에 오셔서 햇빛을 받아 무지개색을 내는 자개장들을 손으로 만져보며 이것들이 드디어 제자리를 찾았다고 흐뭇해하셨다.

세월은 흐르고 또 흘러 오늘 수명을 다한 삼층장의 맨 위층에 앉았던 놈이 강제로 퇴출되는 수모를 당했다. 어머니가 돌아가시고도 우리는 몇 번을 이사했다. 크고 둔탁한 찻상과 문갑, 장식품들은 어느 단체에 도네이션 하고 지금은 몇 개만 갖고 있다.

민족의 체취를 담고 풍기는 것이 어찌 자개장뿐이랴. 겨레의 고유한 문화유산인 예술품들, 고려청자, 조선백자, 모시, 장독대, 반짇고리, 은장도, 부채, 화로 등, 우리의 영혼과 뿌리를 알리는 한국문화의 아름다운 멋들은 수없이 많다. 늦철이 드는 걸까? 아니면 나이 탓일까? 우리 겨레의 고유한 문화유산들이 더 이상 훼손되지 않고 살아 있기를 바라는 마음이 간절해진다.

이것저것 내 나라의 문화예술에 흠뻑 취해 있다가 쓴웃음을 짓는다. 아들과 딸에게 "이다음, 이 자개장들 누가 가질래?" 했더니 시큰둥해하던 표정들이 떠올라서다. 그 옛날 나도 그랬으니까.

나의 마음을 알았을까? 자개장들이 내 마음을 헤아리듯 눈부시게 빛나고 있다.

2014. 8.

아프가니스탄에서 온 소식

나에게 사랑스러운 조카들이 있다. 하나님을 사랑하는 착한 조카들은 나름대로 성공이 보장된 길을 가고 있다고 인정한다. 그러나 험난한 길을 만나고 헤쳐가야만 성공에 이르는 길이기 때문에 가족들은 끊임없이 격려하고 기도해야 할 것이다.

지금 내가 하고 싶은 이야기는 조카 J에 대해서다. 그는 지금 아프가니스탄에 있다. 우리 가족들은 J가 대학을 졸업하고 해병대 미군 장교로 입대할 때 막고 싶었다. 왜 그토록 험난한 길을 스스로 택하는지 이해가 되지 않았다. 그러나 그가 내세우는 이유와 뜻에 대해서, 기특한 삶의 태도와 깊은 철학에 대해서 가족들은 그저 믿을 수밖에 없었다. 이라크에서 복무할 때도 수없이 가슴이 철렁대며 돌아오기를 학수고대했는데 그는 늠름하고 멋있는 청년이 되어 돌아왔다. 고모인 내 마음도 두근대었으니 그 부모들은 오죽했으랴.

J가 아프가니스탄으로 떠난 후 걱정스러운 그 나라에 대해서 알아보았다. 우선 떠오르는 사건은 얼마 전 서울의 샘물교회 단기 선교팀들이 피랍되었던 무서운 나라가 아닌가. 시간은 한국보다 네 시간이 늦고, 기후는 지독히 덥고 지독히 춥다. 아프가니스탄의 서쪽은 이란이고, 동쪽은 파키스탄, 위쪽으로 우즈베키스탄, 타지키스탄, 중국과 국경을 이룬 나라다. 요즘 뉴스에서 오르내리는 무섭고도 불쌍한 나라들, 우리가 어렸을 땐 듣지도 못했고 알 수도 없었던 나라들 중의 하나다. 전쟁과 굶주림과 피랍과 인권탄압이 끊이지 않는 나라다. 우리나라 선교사들이 숨어서 일한다는 회교의 나라. 그곳에 사랑하는 우리 조카가 있다.

J는 그곳에 간 지 한참 후에야 부모와 제 사촌들에게 이메일로 편지를 보내왔다. 척박하고 위험한 전쟁터에 도착하고 오랫동안 샤워를 못했다고 했다. 인터넷에 나타난 그의 사진을 봐서도 알 수 있다. 그러나 그는 활짝 웃고 있었다. 그런데 이상한 일은 하나도 더럽다고 느껴지지 않는다고 했다. 적응을 잘하고 있다는 증거다. 잠은 텐트에서, 때론 땅바닥의 슬리핑백에서 잔다. 음식은 밥과 콩을 넣은 기름투성이의 범벅을 그들과 함께 손으로 퍼먹는다. 발빵이라고 부르고 싶은, 마치 발로 만든 것 같은 우스꽝스러운 딱딱한 빵을 먹는다.

매운 라면이 먹고 싶어 죽을 지경이라니 마음이 짠하다. 자기 부모가 보낸 라면과 고추장, 오징어가 들어있는 소포는 두 주간이 남아 도착할 것이다.

미국인들은 개인주의이고 모르는 사람들에게는 마음을 주지 않지만, 아프간 사람들은 순수하고 인간적이라고 쓰여 있다. 이렇게 착하고 순진한 사람들이 사는 이 땅에 왜 이런 불행이 넘치고 있을까? 여러 종족 중 가장 많은 알타이족은 한국인들과 비슷하단다. 자기의 통역관은 수도 카불(Kabl)의 카불 대학을 졸업한 사람으로 인권문제를 전공했다고. 후에 미국의 비자를 받는 게 소원이란다.

그 나라 사람들은 열심히 일하고 창조적인 아이디어가 많은 우수한 민족인데 오랜 전쟁으로 온통 폐허가 되었다. 그가 근무하는 곳 근처에는 아주 작은 무덤들이 많다. 전쟁 때문이기도 하지만 너무 가난하여 영아 생존율이 적다고 한다. 작은 무덤을 보고 있노라면 슬프다고 했다.

이들의 수출 품목은 아편과 마약이 주종인데 세계 공급량의 큰 비율이 아프간의 아편이란다. J의 가장 큰 임무는 그들의 수입을 마약이 아닌 농업으로 바뀌도록 교육하며 씨앗을 공급하고 돈을 대 주는 것이라고 했다. 자기가 있는 동안 얼마나 효과가 있을지 모르지만 안타까운 마음으로 정성스럽게 그들을 돕고 있다고 쓰여 있다.

어느 날 밤, 텐트 밖으로 쏟아져 내리는 은하수를 보며 소대장과 이런저런 이야기꽃을 피웠다. 전등이 없는 캄캄한 밤, 반짝이는 별들의 무리는 마치 캠프파이어처럼 따뜻하고 밝게 빛났다. 어디쯤일까? 간간이 들려오는 폭탄 소리마저 다정해지는 고요한 밤이었다. 지금은 크리스마스의 계절, 온 세상은 전쟁을 잊고 흥청대고 있으리라. 여기가 어디인가? 나는 누구를 위해 전쟁에 참여하고 있을까? 이 세상은 왜 이처럼 고통과 고난의 연속일까? 세계의 평화는 없는 것일까? 참으로 외롭고 쓸쓸한 밤이었다.

그러나…. 그는 하나님과 가장 가까워진 땅끝에 서 있다는 떨리는 마음이 되었다. 순간 감사와 함께 그에게 큰 깨달음이 왔다.

아, 그렇구나. 이 순간 두렵고도 외로운 의무감에 힘이 솟는다. 마치 버림받은 것처럼 상관없이 겪어야 하는 억울한 사람들이지만 그들의 순수함을 사랑하고 싶은 마음은 나를 바라볼 수 있는 기회였구나. 주어진 힘겨운 나날은 인간의 참다운 삶을 체험하는 귀중한 나의 것이라는 깨달음이 왔다. 죽음이 도사리고 있는 이곳, 전쟁은 나를 겸손하게 만든다.

이 세상은 넓고 각각 다르지만, 하나님 아래에서는 하나라는 느낌도 왔다. 나에게 주어진 이 해병대 생활이 나의 인격형성에 크게 도움이 되리라 믿는다. 나는 내가 함께한 모든 사람들에게 빚을 졌기 때문이고 그 빚을 누군가에게 갚기 위해 이 험한 곳에서 사람들을 사랑하는 법을 배우고 있다고 생각한다. 그의 편지는 이렇게 끝났다.

아, 우리 J가 삶은 희망이고 사랑이라고 느끼고 있구나. 고달픈 생활에도 하나님의 긍휼하심과 사람들의 정신을 보고 있구나. 나는 J가 너무 기특해서 코끝이 시렸다. 가족들은 J의 편지를 돌려보며 제각기 가슴 설레는 감동을 체험했을 테고 그를 위한 기도가 절로 나왔을 게다.

J는 분명히 알고 있을 거야. 이 세상은 하나님께서 직접 다스리시는 하나님의 세계라는 것을. 나의 가족만이 잘 사는 세상이 아니라 모두가 함께 잘 살아야 하는 세상이라는 것도. 주님의 기도에 있듯이 '하늘나라가 우리 가운데 임하시옵소서.' 이것이 우리의 꿈이며 우리의 기도라는 것을 그는 분명히 깨달았을 것이다.

그는 체격이 멋있고 미남인 데다가 마음마저 깊은 착한 청년이다. 해병대를 1등으로 졸업한 그다. 성경공부 모임에 출석하고 할아버지의 자서전을 번역하고 싶다는 대견한 조카. 제대하면 공부도 계속하고 싶고, 소설도 쓰고 싶고, 여행도 하고 싶고, 요리도 재미있어하는 능력 있는 청년이다. 휴가 받은 어느 여름, 그가 연구한 프랑스 음식을 아름답게 차려놓고 온 가족을 초청하기도 했었다. 기타 치며 노래하고 트럼펫도 연주하는 멋쟁이. 하나님이 지켜주시는 자랑스러운 우리 조카다. 장하다! 우리 진이!

1998.

어느 여름날의 일기에서

고추

손바닥만 한 텃밭에서 고추를 땄다. 하나, 둘, 셋… 여덟 개나. 싱싱하게 반짝이는 고추를 보고 있자니 고향이었으면 싶었던 그곳이 생각이 났다. 농과대학을 나온 남자에게 시집간 순박한 친구가 있었지. 그 옛날 새댁의 신혼집 안방 건넌방 사이, 삐걱대는 마루에 앉아 사이사이로 꽃봉오리인 듯, 빨갛게 익어가는 고추밭을 바라보며 풋고추를 된장에 찍어 먹었다. 감나무엔 능금만 한 감들이 익어가며 신혼살림이 궁금해 갸웃거리고, 대추나무엔 초록 대추가 대롱대롱 웃고 있었지. 집 앞엔 구술 굴러가는 소리로 맑은 시냇물이 흘러가고, 냇가에는 들꽃들이 간지럽게 속삭였는데. 여기가 내 고향이었으면 좋겠다고 생각하던 그곳. 사각사각 풋고추 먹으며

우리는 마주보고 웃었어요. 친구는 떠났어도 고추만 보면 그리워지는 그녀다,

풋고추 와락 깨물던, 웃음으로 가득한 아버지 모습도 보인다. 가물가물 그 옛날, 여름이면 고추를 즐겨 드시던 아버지는 점심상에서 풋고추 끝을 살짝 베어 맛을 보고 안 매우면 꼬마 동생 기순에게 주고, 매우면 아버지가 우적우적 잡수셨지. "기순아, 안 맵지?" 하시던 다정한 아버지 얼굴. 풋고추를 먹으며 목이 멘다. 고추만 보면 하늘나라에 계신 아버지도 생각난다. 8월의 뙤약볕에 고추가 여물면 그리움도 영근다.

방황 끝의 평안

낯이 익은 시장터다. 아이가 자꾸만 앞으로 간다. 나는 아이를 놓칠까 봐 허겁지겁 쫓아간다. 아이는 빠르게 뛰어가다 두리번거리며 어느 여자의 치맛자락을 붙들고 흔든다. 엄마인 줄 알았나 보다. 나는 마구 뛰면서 아이의 이름을 부른다. 두려움으로 빨개진 얼굴에 눈물범벅이 된 아이는 그제야 엄마를 발견하고 마구 뛰어와 와락, 품에 안긴다. 아이의 쌔근거리는 가슴과 나의 두근거리는 가슴을 진정시키려고 나는 더욱더 손에 힘을 준다. 아이는 안심이 되듯 나를 쳐다보며 싱긋 웃고 나는 눈물 자국 얼굴에 뽀뽀를 한다,

두근대는 가슴으로 모래알 뿌린 듯 따가운 눈을 비볐다. '어머나! 꿈이었구나.' 너무나 생생한 꿈이었다. 꿈속의 아이

는 4살 적 모습. 멀리 있는 아들은 4살 난 아이의 아빠. 그렇다. 나는 아들이 그리웠던 거다.

꿈으로 놀란 가슴을 진정시키는데 문득 깨달음이 왔다. 하나님의 마음을 알 것 같은 기쁨. 맞아, 내가 외딴길로 자꾸만 가며 덤벙대면 하나님은 놓치지 않으려고 뒤를 따르시겠지. 정말 안 되겠구나 싶으면 큰소리로 '문자야!' 하고 부르실 거야. 하나님의 음성이 들리면 나도 두리번거리다 주님의 품에 와락 안길 거다. 그 넓은 품엔 우리 가족 모두가 안길 수 있겠구나. 아, 나의 가슴엔 놀랍고 신비로운 향기가 출렁이고 감사의 기도는 아들에게 전해지네.

행복

폭우 정보는 정확했다. 우르르 탕탕 하늘에 빛 줄을 긋고 번개가 우레와 함께 세상에 소리친다. 몸이 오싹했다. 검은 구름 뚫고 굵은 빗줄기가 시원하게 쏟아진다. 잠시 툭탁툭탁 우박도 내린다. 폭우가 지나갔는지 다시 고요가 찾아왔다. 어두워진 방에 전깃불 반짝 켜니 아늑함이 잔잔히 퍼져온다. 창밖의 소나무는 기분 좋게 목욕하고 맑은 기품을 되찾았다. 폭풍우를 보낸 우리의 작은 서재엔 커피 향기로 흔들린다. 커피를 마신다. 사랑도 함께 마신다.

문득 커피 때문에 행복하다던 내 친구들이 떠오른다. 이른 아침 눈을 뜨면 빨리 커피부터 마셔야지. 또 커피 맛을 모르는 사람하곤 놀기도 싫어. 깔깔 웃던 친구도 있다. 탕 탕 탕 피아노 잘 치던 커피 애호가 그녀들은 지금은 무얼 하고 있을까? 의자를 옆으로 뱅그르르 돌리면 남편의 책상. 그도 모락모락 사랑 커피 마시며 조용히 큐티를 하나 보다. 아무 일도 없었는데 내 마음엔 행복이 소록소록 피어오른다. 행복이 별건가? 마음먹기에 달린 것이지.

2008. 8

4

활개 치며 가야 할 나그네외다

특별한 생신 잔치

기도와 사랑으로 살아온 부모의 모습은 그 발자취를 보면 알 수 있다. 부모는 가진 것으로 자식들의 평가를 받는 게 아니라 사랑과 추억으로 존경받는다. 부와 명예를 가진 부모라도 혈육 이상의 의미를 주지 못하는 경우도 많이 본다.

오래전 우리 부부는 아름답게 살아오신 어느 분의 91세 생신 잔치에 초대받은 일이 있다. '서프라이즈니까 아버지에겐 모른 척입니다.' 고령의 아버지 생신을 재미있게 해드리고 싶은 효자는 행복한 웃음이 가득하다. 90여 년의 세월이 어찌 한결같은 봄날이었을까마는 김 장로님은 연세보다 십 년은 더 젊어 보이신다. 자그마한 키에 인자한 모습을 뵐 적마다 돌아가신 우리 아버지가 떠오르곤 했다. 슬하에 6남매를 둔 것, 음악을 사랑하는 것, 형제들이 모이면 노래를 하는 것이 우리와 비슷하다. 김 장로님은 대학교수이면서도 전공하지 않은 음악에 조예가 깊어 오랫동안 노래로, 지휘로 봉사하셨다.

잔칫상은 푸짐하고 깔끔하게 예뻤다. 음식은 마치 꽃을 따다 접시에 담은 듯 눈을 즐겁게 했다. 그래서 아름답고 맛있는 음식을 예술이라고 하나 보다. 그 댁 맏며느리가 요리에 고수인 줄은 미처 몰랐다. 여자들은 음식 만드는 이야기로 신이 난다. '이건 이렇게 만들고 요건 요렇게 하면 더 좋아.' 요리 솜씨 없는 나는 꿀 먹은 벙어리다. 그러나 웃음과 재담, 정담은 더 달고 향기롭다. 이야기 속에서 배우고 느끼고 반성한다.

만족한 김 장로님은 만면의 웃음으로 말씀하신다. "아들도 좋지만 맏며느리가 더 좋아." 정성 들여 수고한 며느리 칭찬이시다. 식사가 끝나자 노래를 부른다. 모두 음악에 대해서 내로라한다. 얼마나 흥겹게 부르는지. 김 장로님은 빙그레 웃으며 듣다가도 "여기 틀렸어, 다시 불러 봐" 마치 학교 선생님 같다. 학생들은 잘 부르려고 똑바로 앉는다. 탈무드에 있다는 '어떤 사람은 젊고도 늙었고, 어떤 사람은 늙어도 젊었다.'라는 말이 떠오른다. 김 장로님이 이런 분이시네…. 우리 아버지도 그랬는데. 공연히 가슴이 두근거린다.

「메기의 추억」, 「에델바이스」, 「언덕 위의 집」, 「인생의 추억」 즐겁게 부르는데 나는 왠지 슬퍼진다. 추억을 불러오는 고운 가락은 슬픔도 따라온다. 특히 「인생의 추억」은 가슴을 촉촉하게 적셔준다. 김 장로님이 아주 좋아하신다는 이 노래.

> 서산에 해 저물듯이/ 나 이미 황혼 속에/ 인생은 사라지는 거/ 추억만이 그리워라/ 비록 세월은 갈지라도/ 어여쁘신 그대를/ 내 마음속에 깊이 품고/ 사랑을 노래하노라/

먼저 가신 사랑하는 부인, 유 권사님을 향한 절절한 그리움을 본다. 그러기에 추억은 아름답지만 슬프다고 말하는 것이리라.

혹시 아버지의 고독을 생각해 본 적이 있나요? 아버지를 제대로 알고 있는 자녀들은 현명한 자녀들이란 말도 있다. 최인호 작가는 돌아가신 어머니를 그리워하며 부르짖었다. '어머니는 나를 향해 외롭다고 비명을 질렀지만 나는 듣지 못했다. 이제 알아야 한다. 우리는 소중한 사람들을 얼마나 가볍게 생각하며 사는가를.' 이 순간 왜 작가의 안타깝고 간절한 뉘우침이 떠올랐을까? 그것은 바로 나를 포함한 부모를 모신 모두에게 울리는 경종일 것이다. 부모 공경의 무지가 아니었을까. 물질적으로 섬기면 최고인 줄 알았지, 그 깊은 마음을 헤아리는 일엔 얼마나 소홀했는지 돌아보게 된다. 부모를 공경하라는 것은 에베소의 약속 있는 첫 계명이 아닌가. 이 계명을 잘 지키면 복을 받고 땅에서 오래 살 것이라는 가르침이다.

많은 소유가 행복이 아니라 많은 사랑이 행복이라는 것을 다시금 깨닫게 해준 생신 잔치는 나에게 특별한 감동과 감사로 가득하게 했다.

잔치를 마감하며 아들이 말했다. 아버님께서는 저희에게 "나를 사랑하는 자들이 나의 사랑을 입으며 나를 간절히 찾는 자가 나를 만날 것이다."는 잠언 8장의 말씀을 늘 묵상하도록 권면하셨다고. 나는 새삼 깨달았다. 우리 부모님의 기도와 사랑이 없었다면 오늘의 나도 없었을 것이라고. 깨달으면 뭐하나. 우리 부모님은 이미 하늘나라로 가셨는데. 하지만 다시 생각한다.

세월이 흐른 후 우리 아이들은 부모가 들려준 어떤 말씀을 가슴에 새기며 살아갈까.

활개 치며 가야 할 나그네외다

얼마 전 이태리를 다녀왔다. 여행은 우리의 마음과 생각을 더 넓게 열어주고 인생의 가치에 대하여 깊고도 심오한 가르침을 준다고 생각한다.

나는 여행지에서 아버지가 쓰신 「유럽에서 온 편지」를 떠올리곤 했다. 우리 부모님이 유럽을 여행했을 땐 지금의 우리 나이와 비슷했기에 같은 감정을 느껴보려고 했는지 모르겠다.

세계인류에 전해 내려온 피맺힌 역사와 수많은 예술품들, 조형물의 건축들은 상상을 초월한 경이로움이었다. 그러나 가장 인상 깊었던 곳은 뭐니 뭐니 해도 베드로의 무덤 위에 세워졌다는 '성 베드로 성당'이었다. 너무 웅장하고 아름다워서, 너무 으리으리해서 어디서부터 구경해야 할지 정신이 없었다. 성당 안에는 제단이 삼십 개가 있다고 한다.

우리가 방문했을 때 한 제단에서 신부님들과 수녀님들의 미사가 열리고 있었는데 그들이 부르던 미사곡이 유명한 합창단의 연주같이 아름다웠다. 우리는 절로 고개가 숙어져 잠시 감격의 묵상을 했다.

그런데 이 성당 꼭대기에는 하늘을 찌를 것처럼 높은 옥상이 있다. 엄청난 구름다리를 거쳐야 된다니 생각만 해도 질려서 올라가기를 단념했다. 그곳에 올라가면 온 이태리의 모습이 한눈에 들어온다는 데도 말이다. 아버지가 이곳에 오셨을 때도 모두들 꼭대기에 오르고 싶지 않아서 다들 모른 척 도사렸다고 했다. 용감한 아버지! 남방샤쓰를 걷어 올리며 씽씽 앞장서 오르기 시작하니 쭈뼛대던 젊은 사람들이 다 따라나섰다고 일행들이 두고두고 말했다.

우리는 걷고 또 걷다가 정신이 몽롱해지는 듯 헉헉거렸다. 모든 면에서 아버지를 따를 수 없다. 아버지의 꿈과 호기심과 용감성, 그리고 열정적인 삶을.

아버지는 유럽을 한 달 동안 여행하며 메모지를 놓지 않으셨다. 쉬는 순간마다 손자 앞으로 쓰신 편지글은 『유럽에서 온 편지』로 출판됐고 재판, 삼판으로 그 당시 청소년들에게 읽도록 문교부가 선정한 '필독'도서가 되었다.

『유럽에서 온 편지』 첫 장에 이런 글이 있다.

내가 네(외손자인 우리 아들) 나이 또래였을 땐 먼 산을 두세

개 넘어야 비로소 기적 소리를 들어 볼 수 있었던 산골이 나의 고향이었다. 나는 구석진 곳에서 목동으로 세월을 보냈단다. 내가 그때 가진 것이라면 오직 깊은 가슴속에 숨어 있는 꿈이라고나 할까. 그밖에 아무것도 없는 가난한 가정의 불우한 소년이었다. 지금, 할아버지가 되어 이날까지 그 어느 때와 바꿀 수 없는 가장 귀한 시간이 언제냐고 묻는다면 서슴없이 바로 그때 그 시절이었다고 말할 것이다. 다시 말하면 그 시절에 가졌던 내 꿈이야말로 나의 평생 둘도 없는 보배스러운 것이었다고 생각한다. 그러기에 지금 나는 세계 일주 길의 비행기 창가에 앉아 푸른 하늘을 한 몸에 안은 채 이 글을 쓰고 있다.

우리 부부의 이태리 여행은 아버지의 평생의 가르침이었던 '꿈을 잃지 마라. 삶이란 영원한 희망 속에 존재하는 것.'을 새롭게 깨달은 기회였다. 인생의 순간들이 없어서는 아니 될, 삶에 필요한 것들인 것도, 마음의 문을 열고 세상을 바라본다는 것도 인생을 위해 차곡차곡 정신의 공간에 쌓이는 설렘이 된다는 것을. 그러기에 여행이란 기쁨을 찾아 떠나는 나그네의 눈부신 꿈이요, 인생의 길을 더 아름답게 다듬는 만남이요, 새롭게 채우는 정신이 되리라. 생각은 넓어지고 세상을 향한 고마운 마음은 너그러운 인생으로 감사하는 삶으로 변화되리.

오랜 세월 힘겹게 떠밀려 가면서도 작은 행복은 모아지듯,

꽃이 지면 열매가 익듯이 세월과 함께 온 세계가 지니고 있는 축복도 베푸는 기쁨으로 익어 간다는 것도 느꼈다. 아름다운 세상 누리고 싶다면 어머니의 생신에 아버지가 쓰셨던 시의 마지막처럼 살아야겠구나.

"아직도 양양한 만 리 길인 양, 활개 치며 가야 할 나그네외다."

2004. 9.

김치가 주는 행복

K 권사님, 안녕하세요?

사람들의 힘든 사정은 아랑곳없이 태양의 계절은 지나가고 무르익던 가을도 가고 있습니다. 한들거리며 아름다움을 과시하던 황금빛 잎들도 떨어지고 있어요. 권사님 댁 뒷마당의 튼실한 사과나무에도 주렁주렁 빨갛게 반짝이던 사과도 자취를 감추었겠네요.

저희는 집에 있는 편안함에 익숙해져 게으름만 늘지 않을까 근심하며 사는 요즈음 권사님이 주신 김치가 큰 즐거움이 되고 있습니다, 그 맛깔스러운 김치를 이번에도 염치없이 세 병씩이나 받았으니. 삼시 세끼 식탁을 대할 때마다 황송하고 고마운 마음입니다. 배추 물김치는 마음속까지 시원히 뚫어주고, 깊은 맛이 고루 밴 썬 김치는 밥상 한가운데서 젓가락을 부지런하게 한답니다. 갖은양념으로 버무려져 배추 결마다 싱싱함이 향긋하게 살아나는 겉절이… 더 이상일 수 없이 맛있는 김치를 수고 없이 먹는 저희는 얼마나 복이 많은지요.

권사님, 따님들이 혹 이상하게 생각하지 않나요? "안문자가 누구예요? 어머니는 왜 이 사람에게 자꾸 김치를 해주세요? 힘드실 텐데." 하고요. 지난번엔 따님이 무거운 김치를 들고 층층대 밑에까지 옮겨 준 일이 있었지요. 전문직의 유능한 따님이라고 들었는데 권사님을 닮아 사랑이 많고 착한가 봐요. 김치를 건네받으며 미안하고 황송해서 어쩔 줄 몰라 하는 제게 권사님은 이렇게 말씀하셨지요. "옛날에 안 작가의 아버지, 안 목사님과 사모님의 사랑을 많이 받았어. 그거 갚는 거야. 안 작가가 글은 잘 쓰지만, 김치를 잘 못 하잖아. 하하하."라고요. 변변찮은 저를 꼭 안 작가라고 불러주시면서 말입니다. 아, 그러고 보니 아버지 어머니가 베푸신 사랑의 열매를 우리가 지금도 받아먹는구나 싶어 그리움이 왈칵 솟기도 했습니다. 한편, 저는 우리 아이들에게 어떤 열매를 남겨 주는가, 생각하며 부끄러워졌습니다.

하루는 저녁을 일찍 먹었는데 10시쯤 되니까 출출해졌어요. 갑자기 김치가 떠올랐고 참을 수 없이 먹고 싶어졌지요. 그렇지, 연속극에서 양푼에 김치와 밥을 넣고 비벼서 여럿이 막 퍼먹던데 맛있게 보였어요. 남편보고 말했어요. 우리도 맛있는 김치로 그렇게 한번 먹어보자고. 남편은 허허허, 웃었어요. 양푼을 챙겨와 김치와 밥을, 그리고 참기름을 넣었지요. 우리는 서로 얼굴을 쳐다보며 숟가락에 김치비빔밥을 잔뜩 얹어 입에 넣고 아작거리며 행복한 밤참을 먹었답니다. 맛이요? 와, 세상에! 정말 별미였다니까요. 양푼이나 참기름 때문이 아니고요, 권사님의 사랑을 먹었기 때문입니다.

권사님의 김치 때문에 행복한 때에 책 선물이 배달되었어요. 신기하게도 김치에 관한 이야기였지요. 최홍식 박사 지음 『김치 100그램의 행복』*이라는 책이랍니다. 단숨에 읽었어요. 이미 알려진 대로 세계의 석학들이 선정하여 미국의 건강전문지인 『건강: Health』란 잡지에 한국의 김치가 '세계 5대 건강식품' 중의 하나로 선정됐데요. 그 때문에 김치는 마음과 몸을 치유하며 건강한 삶을 추구하는 '힐빙(heal-being)*식품'이라고 세계적으로 소문이 났답니다. 그래서 사람들이 건강을 위해 김치를 먹기 시작했다네요. 김치는 단순한 음식이 아니라 '힐링'(healing: 치유)이라고 한다고요. 식품과학자인 최홍식 박사의 연구로 한국의 대표적 발효음식 김치의 우수성이 과학적으로 증명된 셈이지요. 그런 소문이 퍼져 요즘은 코스코나 이웃의 미국 식품점 냉장 진열장에서도 김치(KIMCHI)를 쉽게 볼 수 있게 됐어요. 반갑고 신기해서 몇 번 사 먹어봤지만, 권사님의 김치 솜씨에 빠져버린 저희에겐 성에 차지 않는 맛이었어요.

권사님께서는 "이 나이가 되도록 건강을 주셔서 김치를 만들어 이웃에게 줄 수 있어 참으로 행복하다."라고 하시며 하나님께 감사한다고 말씀하셨지요. '하늘에게 행복을 달라 했더니 감사를 배우라 했다.'는 말이 생각납니다. 권사님께서는 이미 모든 사람들에게 본을 보이고 계십니다. 김치와 함께 선물로 주신 찻잔, 저와 남편을 지정해 이름까지 붙여 주신 자상한 배려에 감동되었습니다. 모두 모두 감사드립니다. 잃어버린 일상을 찾게 되면 제일 먼저 뵐 수 있기를 바랍니다. 추워지는 날씨에 부디 건강 조심하세요.

* 『김치 100그램의 행복』의 뜻은 짜지 않은 김치를 하루에 100그램 이상 먹어야 바람직.(작은 달걀 한 개의 무게는 50그램. 한 끼에 달걀 한 개 만큼)
* 힐빙(heal-being): 치유를 통한 건강한 삶이란 뜻은 힐링과 웰빙(well-being): 복지, 행복을 합친 신조어.(-『김치 100그램의 행복』에서)

2020. 11.

아름다운 두 여인

남편은 젊은 시절 삼총사처럼 밀려다니던 친구가 있었다. 우리가 이민 오는 바람에 삼총사는 해체되었지만, 우정엔 변함이 없다. 그런데 얼마 전 한 친구가 세상을 떠났다. 남편은 충격을 받고 슬퍼하다가 그에 대한 재미있는 추억을 들려주었다.

너무 점잖아서였을까? 연애를 못하던 그는 여러 번 선을 보았다. 선을 볼 적마다 몰래 와서 좀 봐달라는 부탁을 하곤 했다. 어느 날 또 선을 본다며 명동의 무슨 다방으로 와달라고 했다. 둘은 즐겁게 숨어 있었다. 드디어 후보자가 나타났다. "어? 어, 추…축구선수잖아. 야, 가자. 이번에도 아니다." 킥킥대며 두 번 다시 생각할 일이 아니라는 듯 휑하니 다방을 나왔다. 후에 첫 만남의 결과를 궁금해하며 "설마, 아니지?" 하고 물었지만, 친구는 빙그레 웃기만 했다. 잊고 있었는데 청첩장이 왔다. 어떤 여자와 이토록 빨리 진전이 됐을까? 봐달라고 하지 않은 걸 궁금해하며 결혼식장으로 갔다. 아니 이럴 수가! 면사포로 살짝 가린 신부는 바로 그 듬직한 여성이었다. 신랑을 바라보며 표정 관리 때문에 진땀이 났단다.

아, 그런데 알고 보니 신부는 진실하고 따뜻한 여성이었다. 부유한 가정에서 자란 그녀는 사랑이 많은 사람이었다. 뜻밖에도 봉사가 삶의 일부가 되어 바쁘게 지내고 있다는 것이다. 보육원이나 호스피스, 노인을 돕는 일에 직접 봉사는 물론 필요한 곳에 기부도 아낌없이 하는 여성이었다. 남편은 어쩌다 알게 된 이 사실을 이야기하며 "교회에 다니지 않는다는데 믿음 좋은 크리스천 같아"라고 말했다.

본인뿐 아니라 부모님과 형제들도 모두 어두운 세상 한 모퉁이를 밝혀주는 역할을 하며 살아간다니 또 한 번 놀랐다. 평소 사려 깊고 신중했던 그 친구의 선택은 탁월했다. 그는 질그릇에 담긴 보배를 알아보는 눈이 있었다. 그들이 이룬 가정은 그녀의 착한 성품대로 행복했고 슬하의 두 자녀도 엄마를 닮아 훌륭하게 자랐다. 이제 쓸쓸하게 혼자 남은 이 사랑의 천사가 자신의 삶이 하나님이 기뻐하시는 섬김의 삶이라는 것을 알고 감사가 넘쳐나게 되리라 믿고 바라는 마음 간절하다.

*

어려서부터 따르며 좋아하던 선배 언니가 있다. 미모에 지성을 겸한 선배는 피아노도 잘 쳤다. 게다가 목소리는 마치 구슬이 굴러가듯 맑았다. 그 집은 한복에 쪽을 지은 할머니 어머니 등 대가족이 화목하게 살고 있었는데 모두 친절했다. 나는 뒷마당이 보이는 마루에서 장조림과 계란말이, 뭇국 등 정갈하게 차려진 점심을 자주 먹었던 일도 잊지 못한다. 특히 눈을 떼지 못한 것은 새까만 비로드로 씌워 있던 피아노다. 어쨌든 그 집의 모든 것이 내겐 부러움이었다.

그런데, 딱 한 가지 나를 부러워하는 게 있었다. 그녀가 아기 때 아버지가 돌아가셔서 기억을 못 한다며 우리 아버지가 부럽다고 자주 말했다. 어느 날, 아버지의 사무실에서 첼로를 하는 친구의 연주에 맞춰 구노의 「아베마리아」를 같이 불렀는데 아버지가 그 언니의 어깨에 손을 얹고 노래를 함께 불렀다. 노래하는 멋쟁이 아버지가 계신 네가 무척 부러웠다고 지금도 이야기한다.

선배는 S대학 음대를 졸업하고 은행가 집안의 귀공자 같은 청년과 결혼했다. 우리가 이민 온 지 40여 년이 되었지만 지금도 서로 그리워하며 소식이 오간다. 선배는 말했다. "안문자가 보내준 결혼기념일 카드와 크리스마스 카드가 상자에 그득한데 절대로 버릴 수가 없어. TV에 나가서 몇십 년 동안 안문자란 후배가 보내준 카드라고 자랑하고 싶어."라고.

그 언니는 교회에 다니지 않았다. 이민 오기 전까지 한 번도 전도를 하지 못했다. 교회에 가자고 하면 싫어할 것 같았지만 사실은 꼭 교인 같았다. 아니 교인보다 더 사랑을 실천하며 살았다. 그 가족들도 가난하고 어려운 사람들을 모른 체하지 않았다. 여러 명의 가난한 집 어린이에게 무료로 피아노 개인 지도를 해주었다. 그 당시 나도 오랫동안 개인지도를 받았다. 어머니가 적은 레슨비를 부끄러워하며 내밀면 극구 사양하다가 고스란히 내 책가방과 학용품을 사다 준 일도 있다. 교회에 다니는 사람 못지않게 좋은 사람이라고 생각했지만, 언니도 교회에 다녔으면 얼마나 좋을까? 속으로 생각할 뿐 말을 못했다.

하나님은 그런 내 속을 아신 걸까? 우리가 이민 오고 몇 해 후 선배가 교회에 출석하게 되었다는 놀라운 소식이 왔다. 미국에 사는 음악가인 딸이 전도한 것 같다.

안문자에게 제일 먼저 알리고 싶었다며 드디어 세례를 받았다는 전화가 왔다, 세례를 받으며 눈물이 너무 쏟아져 꽃다발로 가리고 흐느껴 울었다고 했다. “그 순간 가슴이 떨리고 알 수 없는 감동이 나의 전신을 뜨겁게 했어. 그게 뭘까?” “그거요? 성령의 눈물이에요. 하나님이 주신 은혜의 단비에요.” 나는 너무 감격해서 마구 지껄였다. 우리는 이제 하나님 안에서 한 자녀가 되었구나! 나도 모르게 눈시울이 뜨거워졌다.

세례를 받는 순간부터 새롭게 태어났으니(Born Again) 세상을 바라보는 눈도 사람을 사랑하는 방법도 달라질 게다. 하나님께서는 하나님의 방법대로 아름다운 두 여인을 사랑하실 것이다.

2021. 6.

희망의 주소

서울에서 온 우편물이다. Y 목사님이 『80 인생을 살아오면서』라는 부제가 달린 「췌장암을 경험한 이야기」라는 작은 책자를 보내오셨다. 성공한 40년 목회를 마치고 아름답게 은퇴한 Y 목사님은 절친한 대학 선배의 남편이다. 암 진단을 받으셨다는 소식을 받고 슬프고 궁금했었는데, 잘 이기고 계시다는 투병기다. '언제나 그리운 그 얼굴을 바라볼 수 있을까요? 다시 만날 때까지 더욱 건강하세요.'라는 다정한 편지와 함께 따뜻한 성품이 담긴 인자한 모습의 사진을 보니 왈칵 눈물이 난다.

진단 후 병원생활을 시작하며 나타난 증상들과 자세한 치료과정, 수술 후, 담당 의사들의 이야기, 존경하는 원로 목사님을 위한 교인들의 중보기도, 가족들의 사랑, 그리고 퇴원

후의 항암치료 이야기들은 마치 한 편의 드라마 같다. 목사님은 발병 후, 놀람과 의아함의 감정을 이렇게 표현하셨다.

"나는 80 인생을 살아오면서 나의 생활은 늘 규칙적이고 감사와 기쁨으로 살고 있다고 자신했다. 몸과 마음이 50대인 줄 알았다. 어느 날 갑자기 췌장암이란 병이 찾아왔다. 하마터면 우쭐대다가 더 큰 일을 당했을지도 모른다. 나의 창조자이신 하나님께 회개하며 무릎을 꿇었다. 80 고비를 넘기면서 더 겸손하게 인생을 받아들이며 살리라. 더 진실하게 삶을 가꾸며 살리라. 더 따뜻한 정을 주면서 살리라."

얼마 전, 한 친구에게서 이해인 시인의『희망은 깨어 있네!』라는 시집을 받았다. 서문이 인상적이었다. 시인이 암 진단을 받고 치료받는 아픔은 고통을 공부한 것이었고 치유의 기간은 '고통의 학교'에 다녔다고 썼다. 힘겨웠던 수련을 통해서 다시 보는 세상은 얼마나 감탄할 일이 많은지, 주위의 사람들은 또 얼마나 아름답고 정겨웠는지 다시 깨달았다고 했다. 세상을 더 넓게 보는 여유, 힘든 중에도 남을 위로할 수 있는 여유, 이 세상에는 가슴 뛰는 일이 수없이 많다는 것을 '고통의 학교'에서 다시 배웠다고. 병상에서 지은 시는 이슬처럼 아름다웠고, 치유 중의 일기는 들꽃보다 더 고와서 눈물겨웠다. Y 목사님도 이런 여유를 가지고 투병에 임하시기를 기도했다.

사람들에게는 각자가 책임질 아픔과 스스로 해결해야 할

고통의 몫이 있다. 시인은 투병생활을 '고통의 학교'라고 표현했지만 그게 어디 병마와 싸우는 일뿐일까. 현실은 어둡다. 불확실한 세계정세, 가치관의 혼란, 우리의 삶을 가로막는 수많은 장애물, 또 멀리, 가까이에서 질병과 죽음의 소식이 이어지고 폭력이 난무하는 지구촌과 맞닥뜨리는, '고통의 학교'와 같지 않을까.

Y 목사님은 자신 있던 삶 속에서 뜻밖에 나타난 암의 발견은 하나님의 '경고(Attention)'라고 고백하셨다. 나는 잠시 글쓰기를 멈추고 하나님의 경고에 대해 생각해 본다. 나에게도 수많은 경고가 있었을 텐데, 불평만 하지 않았는지 반성하며 "내가 꼭 알아야 할 것을 놓치지 않게 하소서." 두 손을 모은다.

결국, 2018년 1월 1일, '슬픈 소식을 전합니다.'라는 메일을 받았다. 우리가 사랑하고 존경하던 Y 목사님, 애틋한 가족들과 수많은 사람들과의 아름다운 추억을 남겨 놓고 세상을 떠나셨다. 나이를 먹는 것은 이별을 위한 준비라고 하지만 이런 소식이 올 적마다 두렵다. 사랑하는 사람들이 이 세상을 떠날 땐 한동안 몸살을 앓듯 슬프고 고통스럽다가도 흐르는 세월 따라 아무 일도 없었다는 듯 잊어간다. 하늘나라의 소망이 있지만, 이 땅에서 다시 얼굴을 볼 수 없는 이별은 가슴에이는 아픔이다. 잊어감이 죄스럽고 슬프지만 이별을 생각하고 싶지 않은 마음 때문일 게다.

시애틀의 겨울이 거칠게 심술을 부린다. 비 오다 개이고,

추워서 움츠렸다간 봄날같이 따뜻해진다. 그 틈에 독감 바이러스는 세상이 좁다는 듯 퍼져가며 괴롭힌다. 그러나 제아무리 발버둥 쳐도 머지않아 살랑대며 다가오는 봄바람엔 별수 없을 터. 결국엔 말썽쟁이 겨울도 수녀님의 시처럼, “살아 있는 모든 것이 다 희망이란다.”를 외치며 손을 들고 물러가겠지. 아지랑이 고인 굳은 땅속에선 여린 싹들이 어둡고 차가운 고통을 헤치고 희망을 안고 올라오고 있을 거야.

희망은 저절로 오는 것이 아니라 자꾸만 부르고 깨워야 한다고 하지 않던가. 절망뿐인 것 같은 세상을 위하여 새싹들은 잠자는 희망을 깨우러 오는 것이다. 아무도 모르게 조용히 돋아난 어린싹들이 고개를 들고 세상을 향해 속삭인다. “괜찮아요. 용기를 가지세요. 봄은 역경을 이긴 사람들에게 희망으로 찾아온답니다. 우리가 희망을 깨우러 왔어요.” 웃으며 손짓한다.

뛰고 있는 나의 가슴에도, 비통함에 잠겨 있는 선배의 가슴에도. 알고 있지요? 인생의 희망은 늘 괴로운 언덕 너머에서 기다리고 있다는 것을.

그렇다. 빛나고 있는 Y 목사님의 후손들에게, 절망에서 일어서려고 애쓰는 사람들에게 희망이 다가와 어깨를 두드려 줄 테지요. 고맙다고, 잘 견뎌 주었다고 속삭여 줄 거예요.

아, 연둣빛 새싹들이 어둠을 뚫고 나와 희망을 깨운다. 향긋한 봄바람도 두 팔 벌려 합세한다. 은실, 금실 봄비가 희망이 오는 길을 밝게, 맑게 닦는다.

2018. 1.

삼총사, 그 후 50년

참으로 아쉽다. 사람들은 뉴욕이나 캘리포니아에 여행도 자주 하건만 젊은 시절 우리는 기회가 없었다. '우리 한 번, 같이 만나자꾸나.'란 말을 되풀이하며 간절히 원했는데 50여 년의 세월을 그냥 흘리고 말았다. J는 캘리포니아의 매력적인 소도시 부에나 파크(Buena park)에서 아프고. H는 역 이민한 서울에서 힘들다.

그 둘과 나 세 사람은 남녀공학에 다니면서 늘 붙어다녔다. 그러기에 누군가가 붙여 준 이름, '삼총사'다. J는 학교 근처 언덕 위의 양옥집에서 살았다. 마당에는 철 따라 온갖 꽃들이 아름답게 피고 졌다. 우린 밀려다니다가 점심도 여러 번 대접받았다. 그뿐인가. 학교 입구의 '왕자' 다방에도 자주 들렀고 죽치고 앉아 커피값으로 지갑을 적잖이 축냈다. 담배 연기 자욱한 그곳엔 남녀 대학생들이 왁자지껄하였고 음반에서는 유행하던 서양 노래가 끊임없이 흘러나왔다. 「코리나 코리나」, 「에델바이스」, 「아이 캔 스톱 러빙 유」, 「오 캐롤」 등. 뜻이 맞는 우리는 여름방학엔 시골로 봉사도 가고 사명감에 불타 보람 있게 살자고 교회생활도 열심히 했다. 삼총사는 희망에 넘쳤고 언제나 즐거웠다.

우리나라가 1960년대 하반기부터 남미로 이민이 시작되고 어느 해, 졸업을 앞두고 뜻밖에 J 가족이 브라질로 이민을 간다고 했다. 청천벽력이었다. 배를 타기 위해 서울역에서 부산으로 가는데 역 광장 한 모퉁이가 울음바다로 변했다. 친구의 올캐 언니가 친정어머니를 붙들고 대성통곡을 했고, 같이 갈 수 없는 신혼의 언니도 서럽게 울었다. 삼총사도 어깨를 부둥켜안고 엉엉 울었다. 누군가 돌발적으로 제안을 했다. 우리, 30년 후에 미국에서 다시 만나자고. 그 약속을 끄떡이며 간신히 슬픔을 달랬다.

브라질로 간 J는 진취적인 기백으로 합창단 지휘도 한다며 왕성하게 활동하는 사진과 함께 돌보석이 박힌 티스푼과 반지를 보내주었다. H와 나는 다행히 같은 계열에서 일하며 두터운 우정을 쌓아갔다. 그러나 그도 잠시, 그녀는 가족들이 먼저 가서 사는 뉴욕으로 갔다. 외톨박이가 된 나는 두 친구와 편지를 주고받는 것을 낙으로 삼고 지내다가 결혼했다. 후에 능력 있는 H는 뉴욕에서 한인들의 권익을 위한 기관을 조직하고 열심히 일했다. 그 시절 그 친구와 나는 뉴욕을 여행하며 만나는 기쁨도 가졌다.

많은 세월이 지난 후 삼총사는 미국의 하늘 밑으로 모이긴 했다. 우리 가족도 부모와 형제가 사는 시애틀로 왔으니까. J도 사업을 하는 미국교포와 결혼하고 한인 교회에서 음악으로 봉사하며 행복하게 살았고, H는 결혼도 마다하고 몸이 축나는 것도 아랑곳하지 않고 사명감에 불탔다. 결국, 삼총사는 같은 나라의 하늘 아래서도 함께 만나지 못하고 어느새 황혼기를 맞았다. 과로로 만신창이가 된 H는 다시 한국으로 갔다. 우리는 만나지 못하지만, 생일 카드와 크리스마스 카드가 연결해 주어 오롯이 우정을 이어갔다.

두 친구가 걸어온 삶의 상세한 부분까진 알 수 없지만 각자 받은 사명대로 살아왔음을 나는 확신한다. 인생의 행복은 자신이 진정으로 좋아하는 일을 찾아 헌신하는 것이 아닐까. 그녀가 사회에 끼친 선한 영향력을 듣는 것은 큰 기쁨이다. 조국을 떠나 고달픈 이민자들을 위로하고 격려하며 삶의 의욕을 돋워 준, 보람 있는 그의 생애, 우리가 만나지 못한 것도 나보다 남을 위한 일을 우선했기 때문이 아닐는지.

J는 죽음 직전까지 갔던 교통사고에서 기적적으로 살아났다. 일곱 번의 수술을 해야만 했던 J는 잃은 것도 많지만 얻은 것이 더 많다고 간증한다. 하나님의 은혜로 육체의 아픔을 이겼고 헌신적인 남편의 사랑은 갚을 길이 없다며 전선에 실

려 온 목소리는 떨렸다. 그녀는 삶 전체가 하나님의 은혜로 덮여 있고 순간순간 기적을 경험하며 감사한 삶을 살았다고 고백한다.

H는 의욕적으로 일에 몰두한 것이 지나쳤던지 후유증으로 아픔과 함께 살고 있지만, 사랑하는 친구들의 보살핌 속에서 조용히 조국의 삶을 살고 있다. 세상은 고통으로 가득하지만 한편 이겨내는 일로도 가득하다는 헬렌 켈러의 고백처럼 걱정과 두려움 이겨내며 살아온 친구들! 비록 함께 만나지는 못했지만 삼총사의 아름답던 젊은 날은 마음 깊이 살아 있다.

신촌의 푸르름으로 풋풋했던 추억을 떠올린다. 나일론 주름치마, 포플린 원피스 휘날리며 세 젊은이가 백양로를 활보하던 날들. 애틋한 그리움과 함께 미소가 고인다.

삼총사는 그 후 50년, 하나님의 섭리 안에서 맡겨진 사명에 충실하게 살아온 삶을 감사하며 햇볕보다 아름다운 오렌지빛 석양을 바라본다. 삼총사 친구여! 그대들에게 축복이 있기를.

2023. 3.

백 송이 장미와 첫사랑

친구는 40여 년 만에 첫사랑으로부터 장미 백 송이를 받았다고 했다. 이 환상적인 사실을 혼자 간직하기가 너무 벅차 얼떨결에 튀어나온 것 같다. 벌어진 입이 다물어지지 않던 내가 가만히 있을 수 없었다. 그토록 낭만적인 첫사랑 이야기를 어찌 그냥 지나치랴. 집요하게 캐묻는 나를 못 이기고 그녀가 입을 열었다.

1960년대, 친구는 쌀집 딸이었다. 완고한 아버지 밑에서 착하고 순진한 친구는 닥치는 대로 책을 읽는 문학소녀였다. 그녀가 고등학교 삼학년 때 어쩌다가 과외 공부 그룹에 끼게 되었다. 실은 대학에 진학할 엄두도 못 내면서. 아버지는 언제나 지지배(여자애의 사투리)가 고등학교만 나오면 된다. 졸업하면 시집을 보낸다고 엄포를 놓곤 하셨으니까.

명문대 의대생인 과외 선생님은 웃는 모습이 슬프고도 다정했다. 왜일까? 괜스레 마음이 애틋해지는 건, 선생님 집은 대가족으로 무척 가난하기 때문일 게다. 자기 집에는 쌀과 온갖 곡식이 쌓여 있고 하루가 멀다 하고 묵은쌀로 만든 떡들이 쌓이는 판인데. 친구는 아무도 모르게 곡식과 온갖 음식을 닥치는 대로 선생님 집 마루에 살짝 놓고 도망치곤 했다. 그때는 그게 사랑인지 동정인지 몰랐다. 그렇게 하면 가슴이 조마조마하면서도 흐뭇하고 기뻤다.

드디어 과외 공부반이 해체될 때가 되었다. 선생님을 바라보는 소녀는 가슴이 뛰었다. 계속해서 음식들을 갖다 놓아야지, 다짐도 했다. 그 일만이 그녀가 할 수 있는 사랑의 표현이었다. 보름달이 휘영청 밝은 밤에 선생님을 만났다. 선생님도 자기를 좋아한다고 말했다. 음식들을 받게 되면 부끄럽고 민망했는데 동생들이 너무 좋아해서 거절을 못했다고. 베풀어 준 착한 마음이 고마웠다고 말하며 선생님의 눈이 빨개졌다. 한데, 이 일을 어쩌면 좋지? 선생님이 곧 군대에 간단다. 소녀는 눈물이 핑 돌았다. 선생님도 섭섭한 얼굴로 내가 올 때까지 예쁘게 살고 있으라며 손을 꼭 잡아 주었다. 그런데 선생님이 떠나기 전에 일이 터졌다. "좀도둑이 너였구나. 연애질이라니, 이놈의 지지배를 당장 시집을 보내야겠다." 아버지에게 혼찌검을 당하고 갇혀 있는 사이 선생님은 입대했다.

훈련을 마친 선생님은 군의관이 되자마자 돈을 벌기 위해 월남으로 가고 그녀에겐 여기저기서 혼담이 오갔다. 선생님이 돌아오길 기다렸건만, 할 수 없이 아버지의 뜻대로 중매결혼을 하고 말았다. 첫날밤에 갑돌이와 갑순이 노래가 떠올랐겠지? 하하하. 우리는 재미있게 웃었지만, 가슴이 짠했다. 선생님의 편지들은 아버지가 받는 즉시 찢어버렸다.

그녀는 무던하고 부지런한 남편의 사랑을 받으며 선생님을 잊으려고 애를 썼다. 월남의 주소를 알고 있었지만, 남편에게 미안해서 눈물만 삼키곤 했다. 아무것도 모르던 군의관은 매일 편지가 오기를 기다렸다. 답답하던 선생님이 드디어 귀국하였지만 오래전에 남의 아내가 된 소식을 듣고 슬퍼하다가 미국으로 떠났단다. 그들의 첫사랑은 이렇게 끝나고 말았다. "그래서? 그런데 어떻게?" 장미 백 송이에 꽂힌 나의 호기심은 다음 사연에 조바심이 났다.

40여 년의 세월이 흘러갔다. 선생님의 소식은 알 수도 없었지만 알 필요도 없었다. 그 후, 친구 또한 미국으로 이민을 왔다. 그녀는 열심히 살았다. 그러나 가정이 자리 잡고 사업도 성공한 남편은 애석하게도 65세에 하늘나라로 가고 말았다. 그녀는 좌절하지 않고 세 자녀를 유능한 인재로 키웠다. 소녀 때의 꿈을 살려 그림도 배우고 문학공부도 하며 노후를 보람 있게 보내려고 노력했다.

어느 날, 친구는 아들이 사는 미국의 한 도시로 여행을 갔다. 아들이 직장에 간 사이 두툼한 한인 주소록을 발견했다.

'와, 여기도 한인들이 굉장히 많구나.' 무심코 책의 중간을 펼쳤다. 어머나, 병원도 많네. 어!? 가슴 깊이 지워지지 않았던 그 이름이 클로즈업되었다. 'OOO 병원!' 가슴이 콩닥콩닥 뛰었다. 동명이인이겠지 뭐. 그래도 한 번 돌려봐? 아니야, 미쳤어. 그러나 자기도 모르게 손가락은 이미 번호를 누르고 있었다. 따르릉, 따르릉~ 전화벨이 신이 났다. "헬로" 아, 차분한 목소리가 흘러나왔다. 그녀는 소스라치게 놀랐다. 어떻게 이럴 수가? 분명 그의 목소리였다. 아득해진 그녀의 목소리가 떨렸다. "네, 저, 아, 잠시만 기다려주세요. 다른 방으로 갑니다." 그도 첫마디에 그녀의 목소리임을 알았다. 어떻게, 무얼 이야기했는지 기억에 없다.

다음 날, 어느 레스토랑에서 그들은 두근거리는 가슴으로 마주 앉았다. 그녀가 잠시 숨을 고르다가 말했다. '그분 너무 곱게 늙었어. 옛날처럼 살집이 없고…. 글쎄, 조금은 변했지만, 분위기는 그대로더라.' 그는 학교 선생과 결혼하고 행복하게 살았더라고. 그가 월남에서 매일 편지를 기다렸는데 왜 답장을 안 했냐고 물었단다. 그들은 시간 가는 줄 모르고 아름다운 옛 추억을 더듬으며 서로 마음을 달랬다. 헤어질 때 선생님은 조금 쑥스러워하며 두툼한 봉투를 손에 쥐여 주었다.

"그 옛날, 우리 집으로 수없이 날라다 준 착한 선물을 갚을 길이 없었어요. 언젠가 한 번 만나면 장미꽃 백 송이를 꼭 주고 싶었어. 아무 말 말고 나의 선물을 받아줘요. 이건 장미꽃

백송이야. 40여 년 동안 내가 안고 있던 빚을 갚도록, 내 마음을 이해해 주면 좋겠어요." 그녀는 사양하지 않았다. 그가 자기의 애틋했던 사랑을 아름다운 빚으로라도 간직해준 것이 고마웠다. 40여 년간 나에게 주고 싶었다던 장미 백 송이가 아니던가.

친구는 수필가가 되어 있었다. 수필집도 출간했다. 꽃꽂이 실력으로 교회 강단에 꽃장식을 무료로 봉사했다. 미술 전시회에도 참여했다. 자랑스러운 내 친구! 그녀는 하늘나라의 남편을 기억하며 결혼기념일을 맞아 첫사랑으로부터 받은 장미 백 송이를 교회의 강단에 꽂았다. 감동한 나는 친구를 꼭 안아주며 첫사랑에게 수필집을 보내라고 권했다. 망설이는 그녀에게, 그동안 행복하게 살아왔던 증거를, 아름답게 살아온 이야기를, 황혼에 친구가 얼마나 보람 있게 살고 있는가를 이 책을 보고 그가 알 수 있다면 얼마나 흐뭇해하겠느냐고. 윽박지르듯 졸랐다. 나도 참, 꼭 그래야만 될 것 같았다.

드디어 용기를 낸 그녀가 수필집과 작은 그림 두 점을 보냈다. 얼마 후, 그로부터 전화가 왔다. 수필집도 그림도 깜짝 놀랐단다. 대견하다고, 열심히 살아온 것을 보니 기쁘고, 고맙다고도 했다지. 수필을 읽은 그는 친구의 남편이 하늘나라로 간 사실을 알게 되었을 게다. 그들은 서로 격려하며 전화를 끊었다. 이로써 40여 년 만의 꿈같은 만남은, 첫사랑을 아름답게 간직했던 마음들을 선물로 나누고 갈무리했다. 사랑의 향기와 이상을 향한 인생의 감동을 고스란히 삶 속에 담고, 남은 세월도 아름답게 살자는 무언의 약속과 함께.

이들의 첫사랑은 첫눈처럼 순결하고 샘물처럼 투명했다. 착하디착한 마음들. 이 순수했던 사랑을 아름다운 추억으로 존중하는 것이 첫사랑에 대한 예의라고 생각되었다. 젊음이 사라진 서로의 모습을 보고 실망했다는 첫사랑 얘기를 들은 적이 더러 있다. 그건 순수를 잃은 가슴과 겉 사람의 변화에만 집중 평가하는 사람들의 이야기일 것이다. 마음의 부담으로 간직해 온 사랑의 빚을 아름답게 승화시킨 그의 진심을 백 송이의 장미꽃으로 갚겠다는 생각이 얼마나 멋진가. 혼자 된 그녀가 수필을 쓰고 그림을 그리며 사는 모습을 진심으로 기쁘고 감사하게 여기는 남자.

나는 이 첫사랑의 아름다운 마무리를 듣고 마음속으로 부르짖었다. '이루지 못한 첫사랑들과 연인들에게 축복이 있기를.' 진정한 사랑의 슬픔과 기쁨은 영원히 삶을 성숙하게 성장시키는 밑거름이 될 것이리라.

2020. 2.

어떤 재혼

Y에게 성탄 카드를 쓰려고 하니 절로 웃음이 나왔다. 재혼한 그녀. 잘 살고 있을까?

우리가 이민해 오고 10여 년 후 그녀의 이혼 소식을 들었다. Y는 연애 시절에도 그 남자와 늘 다투었다. "웬 조화지, 이 남자하고 싸우고 헤어지면 금세 보고 싶고, 다시 만나면 또 싸우고. 다정도 병인지 결혼하게 되더라. 결혼식을 마치고 집에 가 옷을 갈아입고 온양온천으로 신혼여행 가려고 택시를 탔는데 또 싸웠지 뭐야. 무엇 때문인지도 몰라. 화가 나서 부케를 신랑에게 던졌어. 기사 아저씨가 힐끔 보더니 아유, 신부님 좀 참으세요, 하더라니까. 하하하."

그들은 계속 싸우면서 20여 년을 살았다. 사업이 번창하여 돈도 많이 벌었고 딸 둘에 아들 하나가 모범생들이다. 그러나 그녀는 행복하지 않았다. 아이들은 엄마를 위로하며 이혼해도 우리는 이해하니 엄마의 인생을 살라고 어른스럽게 말하더라고. 참을 대로 참다가 화병으로 죽을 것 같아 결국 헤어진 모양이다.

다시 10년 후, 서울에 갔는데 그녀의 집은 바뀌어 있었다. 새 가구들과 만발한 분홍색의 수국 화분, 아기자기한 장식품들이 예사롭지 않았다. 어리둥절한 나에게 한 친구가 귀띔해주었다. Y가 재혼했다고. 깜짝 놀란 나는 그 용기에 감탄하며 행복하게 잘 살라며 덕담했지만, 괜스레 걱정과 함께 가슴이 두근거렸다. 친구가 까르르 웃는다.

"고민을 많이 했어. 이 나이에… 저 영감 믿어도 되나? 하고. 영감이 80이 훌쩍 넘었거든. 중매쟁이는 그가 돈이 억수로 많다며 각서를 써준대. 영감이 죽으면 재산의 얼마를 준다고. 혼인신고를 했으면 됐지, 각서는 필요 없다고 했어. 그래도 망설이다가 영감의 형님이 목사님이라는 바람에 믿었지 뭐." "늘그막에 호강하겠다, 잘했어." 나는 추임새를 넣었다.

그런데 다음 말이 걸작이었다. "좋아할 게 아니라고, 지독한 구두쇠여, 마포의 새우젓보다 더 짜. 유산 기다리다가 질려서 내가 먼저 죽겠어. 하하하." 농담처럼 말했지만, 나의 불안했던 마음이 바로 그 점이었다. 그러나 집안에 목사님이 있다는 말에 조금 마음이 놓였다. 하지만, 목사 형님도 그를 전도하지 못했다. 헌금을 아까워한다는 이유다. 죽기 전에 회개

한다고 했다니 이 일을 어쩌면 좋으냐고 친구는 걱정이다. “교회 말만 나오면 벽창호여.” 하지만 그를 전도하는 것은 자기에게 주어진 마지막 사명감이라며 믿음직스럽게 웃었다.

마포에 사는 집은 4층 빌딩이다. 옥상이 살림집이고 그 동네에 가게들과 빌딩이 몇 채나 있다는데 자기는 알 수 없단다. 무뚝뚝하고 동전 한 닢에 벌벌 떠는 그가 도우미에게 월급을 주는 것처럼 생활비를 준다나. 못마땅하지만 음식솜씨 좋은 그녀는 선택한 길인지라 영감님을 잘 대접하며 그런대로 적응해 가는 것 같았다. 미국에서 친구가 온다니 자리를 비켜 준다며 외출한 그분의 배려가 고마웠다. 그날, 잘 차려진 잔칫상 앞에서 우리는 시간이 가는 걸 아까워했다.

결혼하기 전, 전처의 자녀들이 새어머니가 될 친구에게 눈물을 흘리며 말했다지. “우리 아버지가 불쌍해요. 평생 돈밖에 몰라요. 저희 어머니도 속병으로 돌아가셨어요. 우리 아버지를 잘 부탁합니다.” 가정을 이룬 세 자매가 어머니로 지극히 모시겠다고 하니 눈물이 나더라고. 돈 때문에 아버지로부터 외면당한 그들을 내 자식처럼 사랑하리라고 마음을 잡았다, 그의 착한 자녀들 마음씀씀이, 재혼을 결정하는데 한몫했다고 해도 과언이 아니다. 장난기로 즐겁던 우리는 잠시 숙연해지기도 했다. 처음으로 손자 손녀들을 만나던 날, 어린 것들이 눈치를 보며 “할머니!”라고 부르는데 자꾸만 눈물이 나더라고. 할머니, 할아버지의 사랑을 모르던 손주들이 할머니로 인정해 주는 게 정말 고맙고 기뻐서 웃음과 함께 눈물이 나더라는 정 많은 친구. 나도 눈앞이 흐려졌다.

그런데 이게 웬일인가. 구두쇠 영감이 새 부인의 자녀 셋을 불렀다. 그 아끼는 돈을 봉투에 가득 넣어, 어머니에게 휴가를 줄 터이니 모시고 여행을 가라며 건네주더란다. 그 영감의 뚱한 표정이 풀리며 인자해지더라고. 헌금하기 싫어 교회에 안 가고 외식도 5천 원 이상의 음식을 먹은 적이 없는 그가 어찌 후처의 아이들에게 너그러워지는지 모르겠다며 활짝 웃었다. 다행히 그녀가 교회에 가는 것을 눈감아 준다며 욕심 많은 남편의 마음 깊숙이 사랑과 신앙의 뿌리가 있나 보다며 미소 짓는다. 그래서 무슨 허물이든 다 감싸며 무조건 사랑을 베풀기로 다짐했단다. 기특하여라.

이름만 떠올려도 즐거운 친구, 따뜻한 그녀, 언제나 마음이 넉넉했던 친구는 젊어서부터 남에게 베푸는 일이 자연스러운 성품이었다. 비록 성격이 맞지 않아 첫 결혼에 실패했지만, 전남편도 새로운 길로 들어섰다니 고마울 뿐이라고 했다. 그녀가 진지하게 말을 이었다. "재산 같은 건 실감이 안 나니 관심이 없어. 하루 세끼 먹지, 네 끼 다섯 끼 먹냐? 그 많은 재산, 나중에 뜻있는 일에 쓰인다면 좋으련만. 나는 그저 여섯 명이 된 내 아이들과 모두 다섯이 된 손주들을 똑같이 사랑할 거야. 이 일이 삶의 마지막 임무라 여기니 너무 감사해."

Y의 깊은 사랑, 포용력의 자세, 그리고 긍정적인 사고방식이 그녀를 행복의 길로 이끌 것이라는 확신을 갖게 되었다. 내 아이, 당신의 아이 때문에 갈등을 빚는 가정이 얼마나 많은가. 합쳐진 아이들을 위해 살겠다는 각오가 선 그녀의 재혼은 축복 받으리라.

나는 흐뭇한 마음으로 성탄 카드를 봉했다. 나의 진심을 담은 카드는 기쁨의 날개를 달고 태평양을 건너 나이든 신혼의 가정을 찾아 성탄의 참된 평안을 안겨줄 것이다. 하나님의 은총이 그의 가정에 한 형제가 된 자녀들과 귀여운 손주들에게 가득하기를….

2021. 12.

5 살아 있는 해바라기

생각나는 이야기

예전엔 미처 몰랐다. 손자들의 모습을 동영상으로만 볼 줄은. 뉴욕에 있는 귀여운 두 손자를 생각하면 기도가 절로 나온다. 험한 세상이지만 하나님의 날개 아래에서는 겁날 게 없단다. 주님의 품에서 사랑을 먹으며 무럭무럭 자라거라. 맑은 얼굴로 하늘을 바라보아라. 신선한 빛으로 가득 채우면 청청한 바다처럼 푸르디푸르게 살 수 있으리. 세월과 함께 희망은 창대하고 재능은 자라리라. 너희들의 외할아버지도 우리들에게 이렇게 축복하셨단다.

세월과 함께 꿈을 이루고/ 나이와 함께 뜻을 넓히고/ 크고 넓고 부드럽게 살매/ 따를 이 없으리, 멀리 앞서매/

아들에게서. "엄마, 아무개는 세 살이 아니고 네 살인데요." "뭐~얏? 아니, 이럴 수가. 벌~써? 세월이 너무 빨라~ 하하하." 손자의 나이를 착각한 어설픈 할머니는 호들갑으로 얼버무린다. 착각은 손자의 나이뿐이랴? 내 나이도 착각한다. 아니, 모른 척하고 싶다. 아니다, 진짜로 잊어버릴 때도 있다. 걷잡을 수 없이 빠른 세월을 누가 막으랴. 나이는 틀렸지만, 선물은 합격. 며느리한테서 땡큐 카드 오다.

*

해마다 크리스마스 선물로 책을 보내주는 친구가 있다.

이번에도 이해인 시인의 『작은 기도』다. 작년에도 이 시인의 『희망은 깨어있네』. 재작년에도 역시 이분의 시집, 『작은 위로』였다. 그가 보내준 책의 리스트를 찾아본다. 1986년, 우리가 이민 온 해부터 한 해도 거르지 않았구나. 이해인 시인, 박완서 작가, 법정 스님, 소노 아야꼬, 유안진 작가… 40권이 넘는다.

그녀는 내가 보내는 결혼기념일 카드와 크리스마스 카드를 고마워하고, 나는 그가 보내준 책들을 귀히 보관한다. 매해 책을 보내주는 친구가 이 세상에 또 있을까? 화장기 없는 얼굴, 검소한 차림, 붓글씨 쓰는 엄숙한 모습, 아침마다 기도하는 명상의 삶, 오히려 그가 수녀 같다. 촛불같이 따뜻한 사람. 35년 전, 안개꽃 면사포 속에서 다소곳하더니, 연지곤지 구술 달린 족두리론 장난기였다. 얌전했던 미소와 장난기 웃음이 엊그제 같다. 연주해 주었던 피아노 트리오, 웨딩마치의 멜로디가 생생한데.

나는 이민 가기에 앞서 파마를 했지. 미장원 창가에 앉아서 웃던 그가 파마를 선물했다. 이모처럼, 고모처럼 의지하고 싶던 그녀. 아, 보고 싶은 윤복현 선생.

*

하늘나라로 간 친구네 집 마당에도 봄 잔치는 여전할까?

경기도 성남시 수정구… 과수원 길, 사과 꽃향기 상큼하게 퍼지던 길을 걸으며 그녀가, 천당에 가는 길이 이렇게 예쁠까? 했었다. 다소곳하게 자리 잡은 초가집 마당에 분꽃과, 봉숭아가 손짓하고 솔 나무 타는 냄새를 맡으며 내 고향이면 좋겠다고 생각했었다. 명문대의 농과 출신인 그녀의 남편이 새벽기도에서 파이프 오르간으로 찬송가를 연주한다고, 자기는 남편을 존경한다며. 멋쟁이 장로라고 그가 자랑했다.

풋고추와 오이냉국, 열무김치로 점심을 먹고, 저녁엔 호박잎도 먹었다. 행복한 새댁은 말했었지. 육체는 힘들어도 정신만은 풍부하다고. 모든 것은 생각하기 나름이라고. 자연을 사랑했던 그의 삶은 감사로 가득했건만, 못만 난지 이십여 년 만에 그녀는 홀연히 갔다. 평생토록 소망했던 천당이 그리 빨리 가고 싶었나? 그녀와 주고받은 편지는 헤어진 해의 숫자

보다 더 많다. 내 고향 하고 싶었던 그곳, 시냇물 소리 노래처럼 들려오던 오솔길이 예뻤는데. 그곳의 봄소식은 아니 오고 슬픈 소식이 왔다.

할 말을 잃은 나는 어디로 편지를 띄우냐고 나에게 물었다. 두근대는 가슴을 쓸고 있는데, 아, 그가 하늘나라 꽃밭에서 말했다. "문자야! 하늘나라로 편지를 보내."

감사하며 사는 모습 보여주더니. 힘이 들어도 "괜찮아" 몸이 아파도 "견딜 만해." 착하기만 하던 내 친구. 아, 그에게서 나던 들꽃 향기도 하늘나라로 옮겨졌을까?

2012. 4.

나쁜 애들이 아니었어!

누렇게 바랜 신문의 글들을 들여다보고 있자니 웃음이 절로 나온다. 서랍들을 정리하다 큼지막한 서류봉투에서 고릿적에 썼던 글들이 쏟아져 나왔다. 반가워 주저앉아 읽기 시작. 잘난 척한 것은 쑥스러워 도저히 읽을 수 없다. 그러니까 이 글들은 몇십 년의 세월 동안 봉투 안에 보관되어 있었다. 그런데… 한 글을 읽다가 가슴이 조금 뜨거워졌다. '어머나, 착한 아이들의 이야기네~.' 그들도 이젠 중년의 아저씨들이 되었겠구나. 이들은 지금 어디서 어떤 삶을 살고 있을까?

한 번 읽어 본다.

「나쁜 애들이 아니었어!」

우리 동네는 주택가가 아니다. 사무실과 다방, 음식점들이 빼꼭하다. 따라서 까불어대는 돈벌이 꼬마들이 많다. 주로 구두닦이나 신문팔이, 껌이나 쵸코렛 따위를 파는 아이들이다.

어느 날, 학교에서 오는 길이었다. 한 다방에서 신문뭉치를 움켜쥔 꼬마가 울면서 뛰어나오고 그 뒤로 역시 신문뭉치를 옆에 낀 큰 녀석이 따라 나와 꼬마를 마구 때린다. 나도 모르게 "왜 어린이를 때리니?" 하고 소리쳤다. 큰아이는 웃기네, 하는 표정으로 힐긋 본다. "왜 그러냐구?" 나도 물러서지 않는다. "조것이 나만 따라 다니잖아요. 저런 놈은 패줘야 해요." 씩씩거린다. 말을 하다 보니 더욱 분한지 또 주먹이 올라간다. 꼬마는 쓰러지며 옆에 있던 가로수에 부딪혀 입에서 피가 난다. 자리 텃세인가 보다. 꼬마는 울면서 대든다. "나도 팔려고 들어갔다. 와! 형만 다니는 다방이냐? 나도 신문을 팔려고 들어간 건데 씨~ 엉엉." 꼬마는 새까만 주먹으로 눈물을 벅벅 닦는다. 지나가던 사람들이 힐끔힐끔 나를 더 쳐다본다.

나는 꼬마의 등을 두드리며 "그럼, 넌 저쪽으로 건너가 팔면 되잖아? 저쪽도 다방이 많은데." "거긴 조금 아까 들렸걸랑요." 훌쩍거린다. 갑자기 씩씩대던 큰 녀석이 무슨 생각이 났는지 바지 주머니에서 구겨진 돈을 꺼내 세기 시작한다. 울던 꼬마도 따라서 돈을 센다. 꼬깃꼬깃 구겨진 십 원짜리들을. 물끄러미 바라보던 나는 울컥, 목울대가 아파 왔다. "요놈의 자식아, 저리 못가니?" 큰 녀석은 아직도 분이 안 풀려 소리를 꽥 질러댄다. 나는 참을 수 없다. 큰아이를 잡는다고 덥석 손을 내밀었으나 그는 비실비실 뒷걸음치며 "너 이따 죽어." 꼬마를 향해 주먹을 흔들어 댄다. 아마 나 때문에 지금은 참는다는 뜻인가 보다.

바로 이때 순경 아저씨가 걸어왔다. "아저씨, 저 큰아이 좀 야단쳐 주세요. 자기보다 작은 애를 못살게 굴어요." 아저씨는 싱글벙글 웃기만 한다. 다 큰 처녀가 길이나 갈 것이지 무슨 참견이야 하는 것 같다. "그놈들은 그게 사는 건데요, 뭐." 아무렇지도 않은 얼굴이 퉁명스럽다. 무안해진 건 나다. "쟤가 쟤한테 맞아서 피가 난단 말이에요." 답답한 나는 소리치며 순경 아저씨를 제쳐 놓는다. "난 너희들이 화해할 때까지 쫓아다닐 거야! 우리 집은 바로 요기란 말이야. 너는 오늘 나 때문에 장사를 못할 거야. 서로 도와주지 못하고 싸우면 쓰니?" 제법 앙칼지다. 그제야 순경 아저씨가 꽥, 한마디 거든다. "이놈, 자꾸 그러면 가둔다. 엉?" 이만하면 됐지? 하는 듯 눈을 찡긋하며 휑하니 가버린다. 순경 아저씨의 말에 효과가 있었나? 큰 녀석의 얼굴이 풀렸다. "알았어요. 안 싸울게요. 요놈, 혼 좀 내느라고 그랬어요. 진짜예요. 싸우나 안 싸우나 두고 보세요." 싱긋 웃기까지 한다. 험악해 보이던 얼굴이 순진해 보인다. 귀엽기까지. 꼬마도 훌쩍이며 벙긋 웃는다. 나도 안심이 되어 활짝 웃는다.

바로 이때. 여동생이 골목에서 나오다가 눈이 동그래졌다. "언니 거기서 뭐 해?" "으응, 얘들하고 이야기하고 있어." 동생이 두리번거린다. "언니, 쟤네들하고 싸웠어?" 녀석들은 큰 비밀을 간직한 듯 히죽히죽 웃는다. 큰 녀석이 부끄러운지 끔

뻑 인사를 하고 삼층집 모퉁이로 사라지는가 하더니 다시 온다. 땟국물의 꼬마를 향해, "야, 임마, 가자." 하고 어깨동무를 해 주며 보란 듯이 나를 본다. 안심하라는 듯 꼬마의 어깨를 툭툭 두드린다. 꼬마도 뒤뚱거리며 고개를 돌려 나를 보며 쫓아간다. 잠시 후, 둘이 함께 돌아서서 활짝 웃는다. 내 마음은 감동으로 뭉클댄다. 콧마루도 찡한다. 그들은 뒷걸음 하며 또 웃는다. 나도 웃으며 손을 흔든다. 영문도 모르면서 동생도 방긋 웃는다. 서쪽으로 기울던 해도 좋아서 해바라기처럼 "하하하" 웃는다. 붉게 타던 노을도 신나게 손짓하며 유유히 흘러간다. '역시, 나쁜 애들이 아니었어!' 우쭐대며 걸어가는 착한 아이들의 어깨동무 모습이 가물가물 사라진다.

글은 이렇게 끝났다. 젊은 날의 낙수, 그들이 나쁜 아이들이 아니었음이 너무 기뻐서 그 감격을 표현한 것이리라. 그 후에도 오고 가며 녀석들의 모습이 나타나지 않을까, 두리번거렸지만 만나지 못해 아쉬웠던 기억도 떠오른다.

아, 중구 저동 2가. 그곳을 떠난 지 어언 40여 년이 넘었구나. 영락교회와 중부경찰서가 나란히 있던 곳. 건너편엔 아버지의 사무실, 뒷골목에 비둘기집처럼 귀엽던 우리집이 있었지. 육 남매가 으르르 탕탕 학창시절의 추억이 나란히 심어졌던 잊을 수 없는 우리 동네. 눈물이 핑 돈다. 나는 지금 오지랖 넓던 처녀시절의 순수했던 과거와 만나고 있다. 쇠창살이

음침하게 보였던 중부경찰서의 회색 건물과 하얀 돌의 영락 교회 뾰족탑이 어깨동무처럼 보였었는데.

가로수의 잎들이 파랗게 피어나던 어느 봄날, 내 젊은 날의 오지랖은 무엇이었을까? 아, 그렇구나. 삶 속의 작은 의미들은, 다른 사람들에 대한 관심으로 시작되는 것이 아닐는지. 맞아. 착한 내가 착한 아이들에게 미소 지은 사랑의 관심이었어.

찡한 가슴으로 순수했던 신문의 글들을 곱게 접어 내 젊음의 추억과 함께 다시 봉투에 넣는다.

2015. 3.

아, 그때는 모두가 사랑이었네

결혼 피로연이 무르익을 무렵, 분홍과 파란색의 찹쌀떡 두 개가 하얀 접시에 담겨 나왔다. 떡인 줄 알고 베어 물었더니 속엔 아이스크림이었다. 쫄깃쫄깃한 맛과 달콤한 차가움의 산뜻함 때문에 사람들은 재미있는 표정들이 된다. 감미롭고 흥겨운 음악은 번갈아 터지고 젊은이들은 행복한 신랑 신부와 함께 신나게 춤을 춘다. 즐거운 하객들은 느긋이 먹고 마시며 이야기꽃을 피운다.

오래전, 우리는 찹쌀떡을 '모찌떡'이라고 불렀다. 그러니까 '떡떡'이라고 한 셈이다. 모찌는 일본말, 떡은 한국말. 떡떡이지 뭐.

앙증맞은 떡을 바라보다가 문득 1970년대의 결혼식이 떠오른다. 그때는 결혼식의 피로연이 없고 네모난 박스에 넣은 찹쌀떡을 하객들에게 나누어 주었다. 또는 카스텔라나 비누, 수건도 있었다. 결혼식이 끝나면 가족이나 친지들이 선물이 쌓여 있는 옆에서 나누어 주었고 나는 받을 때마다 쑥스러워했다.

"그 당시 '케이키 부대'라 했던 말 기억하세요? 상관없는 결혼식에 하객인 양 참석 했다가 나누어 주는 선물을 받고 나와 치마폭에 감추고 다시 들어가 또 받곤 하던 아줌마들 말이에요. 예식장마다 다니면서 받아 온 물건들을 변두리 시장이나 길거리에 펴놓고 팔기도 했잖아요?

친구들의 결혼이 많았던 때다. 예식장으로는 명동의 기독교 여성 기관에서 운영하던 예식장이 좋다고 소문나 멋쟁이들이 이용했었다. 그곳에도 케이키부대 아줌마들이 있었다. 결혼식에서 눈을 두리번대며 한 개라도 더 받으려고 바쁘게 펄럭이던 아줌마들. 한복 치마가 점점 불러오면 아주 많이 받았다는 증거인데도 주인들은 빤히 알면서도 속아 주었다. 좋은 날에 큰 소리 내지 않기 위해서겠지. 사람들을 밀치며 덤벼들곤 해서 하객들은 불쾌한 표정으로 그의 등에 눈을 흘겼다.

나는 짧은 기간 남자 중학교에서 음악 강사로 일한 경험이 있다. 대학을 졸업하자마자 아버지의 친구가 추천해 주셨다. 적성에 맞는지 생각해 보지도 않고 덜컥 대답을 하고 교단에 섰는데… 키도 작고 목소리도 작고 노래도 못하고 부끄럼쟁이에 내가 왜 한다고 했을까? 후회막심이었다. 중학교 일 학녀, 빛나는 눈빛의 까까머리 학생들이 빤히 나를 쳐다보고 있었다. 나는 겁이 나서 어지러웠다. 당장 뛰어 내려올 수도 없고. 한동안 큰 야단이 났던 때를 떠올리니 지금도 얼굴이 뜨거워진다. 나는 지금도 학교 선생님들을 존경한다.

선생님들은 큰소리로 야단도 치고 출석부로 탕탕, 그렇게 해야 아이들이 말을 듣는다고 충고해 주었다. 한번은 아이들이 나를 얕잡아 보고(?) 아우성치며 조용히 하지 않았다. 그때 "이 녀석들!" 하며 드르륵 문이 열리더니 이름을 대면 다 아는 유명한 성악가 윤 선생님이 들어오셨다. 놀란 아이들 조용하다. "너희들, 얌전한 여자 선생님이라고 떠들고 까불면 내가 가만히 안 둔다. 나 옆방에서 수업을 하고 있으니 다 들린다. 조용히 수업 받아라. 알았는가?" "네!" 나는 그때 그분 앞에서 너무 창피해서 도망가고 싶었다. 윤 선생님은 미소와 함께 조그만 소리로 "겁먹지 말고 씩씩하세요." 한쪽 눈을 찡긋하고 나가셨다.

학교에는 가끔 말썽쟁이 학생들의 부모를 불렀다. 어머니들은 초조하고 근심에 찬 얼굴로 선생님 앞에서 조아리곤 했다.

어느 날, 낯이 익은 아줌마가 사무실로 들어왔다. 앗, 케이키부대, 그 아줌마잖아? 반가웠다. 이 학교 학부형이었구나. 큰 가방을 들고 한복 입은 손님으로 가장하며, 때론 공짜로 받은 물건을 골목에서 팔기도 하던 그녀. 아들의 잘못 때문에 오늘은 예식장에 출근(?)도 못하고 선생님 앞에서 쩔쩔매는 모습을 보니 내 마음이 짠해졌다. 어두운 얼굴로 허리를 굽힌 후, 그녀가 교무실을 나선다. 나는 얼른 따라가 보았다. 밖에서 엉거주춤 기다리던 더벅머리 소년이 엄마를 보더니 씩 웃는다. 엄마도 애정이 가득한 얼굴로 웃는다. 나는 눈물이 핑 돌았다.

"엄마, 선생님이 뭐래?" 소년은 어리광을 부린다. 순진하고 귀여운 더벅머리다. "에구, 이 말썽꾸러기야." 엄마의 인자하고도 따뜻한 표정은 살벌했던 예식장에서의 모습은 간데없다. 초라한 어머니와 아들은 흐뭇한 표정으로 서로 바라본다. 어머니는 아들의 머리를 쓸어 주기도 하고 어깨를 툭툭 때리기도 하고 아들은 막는 시늉을 하며 킬킬대며 까분다. 학교에서는 말썽만 피워도, 엄마는 좋지 못한 일을 해도 그들은 아랑곳하지 않는다. 고생으로 찌든 엄마지만 소년에게는 하늘 같은 울 엄마다.

에이브러햄 링컨은 '어머니'란 말만 들어도 눈물이 난다고 했다. 어찌 어머니의 사랑으로 눈시울 붉히는 자 이 사람뿐이랴? 위인은 어머니가 만든다는 말도 있다. 케이키부대면 어떤가? 만인이 쳐다보는 상황에서 구걸했다고 생각한다면 된다. 말썽 좀 피웠으면 대수냐? 진자리 마른자리 가려내는 온 세상의 어머니상을 보았다. 아름답고도 감동적인 모자의 모습을 지금도 기억한다.

복도에 새까만 고등학생들이 우르르 밀려 나왔다. 고개를 푹 숙이고 걸어가던 여선생의 뒤에서 어느 녀석 킬킬댄다. “야, 업어줘라.” 그때 휙 돌아서서 선생을 감히 놀려? 하고 야단을 치는 건데. 나는 결국 선생님 역할에 손을 들었다. ‘너 자신을 알라’를 부르짖으며. 학교에는 실없는 사람이 되었고 소개해 주셨던 분께는 꽃바구니로 사죄드렸다. 그러나 복도에서의 케이키 학부형과 귀엽던 개구쟁이의 따뜻했던 모자의 모습은 내 인생에 많은 것을 가르쳐 준, 짧은 학교생활에서 얻은 소득이라면 너무 억지일까?

나는 그 예식장이 내려다보이는 사무실에서 일하며 자주 그 학부형 아줌마를 보곤 했다. 치마폭이 두툼하면 내 마음이 놓였고 치마폭이 홀쭉하면 걱정이 되었다. 그 생각이 옳은 건지 그른 건지는 생각 안 하기로 했다. 여성을 위한 기관이니 불쌍한 케이키부대의 여인들을 봐 주었으리라. 더벅머리 소년, 지금쯤 중년을 바라보고 있을 텐데… 사랑을 먹고 자랐으니 틀림없이 훌륭한 사람이 되었을 거야.

흥겹던 피로연이 끝났다. 찹쌀떡 때문에 떠오른 추억, 가슴이 조금 두근거린다.

S학교 운동장의 붉게 타던 낭만에 희망찼던 검은 교복의 남학생들은 활기 넘치는 매력이었다. 생각 없이 나섰던 실패한 선생이지만 유명했던 남학생 합창단 반주자의 경험도 색달랐다. 여선생은 오로지 세 명의 강사였던 그녀들과 사귐도 신선했는데. 지금은 하늘나라로 간 영락교회 장로였던 성악

가, 윤 선생님의 격려의 윙크가 부끄러웠던 강사생활은 옛말처럼 되었다.

결혼식의 축제 속에 고달팠던 여인들을 응원했던 그 마음도 사랑이라고 할 수 있을까? 명동의 청춘이 물결치던 푸르름 속에 내 젊음의 사랑도 곱게 익어 갔는데.

오늘의 행복한 신부의 나이였던 나. 아, 그때는 모두가 사랑이었다.

2008. 10.

고마운 구두

"우리 문자는 발이 오이씨같이 예쁘구나." 외할머니는 내 발을 보며 말씀하셨다. 무슨 소용이 있나? 맞는 신발이 없는데. 한국의 사이즈로는 215, 미국에선 4가 내 사이즈다. 사람들은 눈이 똥그래지며 내 발을 내려다보곤 한다. 어쩌다 한 번씩 이 작은 신발도 행세할 때가 있다. 여러 사람이 모였다 헤어질 때면 갖가지 신발이 누워 있어도 쉽게 찾을 수 있는 제일 작은 신발을 찾으면 되니까. 바꿔 신는 일도 없다.

구두와의 전쟁은 학생시절부터 시작되었다. 시내의 구두점을 다 쓸고 다녀도 내 사이즈는 없었다. 맞춤 구두도 소용없다. 공장에서는 어른의 구두인데? 치수가 잘못된 줄 알고 손가락이 들락거릴 정도로 크게 만들어 내곤 했다.

몇 해 전 서울을 방문했을 때도 사정은 변하지 않았다. 구두를 사려고 명동의 구두점을 빙빙 돌아보았지만 헛수고였다. '구두 가게를 구석구석 뒤져서라도 꼭 사고 말 거야!' 오기에 찬 나는 혼자 이렇게 외쳐댔건만 아까운 시간만 허비하고 피로감뿐이었다. 옷 사이즈는 나이가 들면 넉넉하게 입게 되지만 구두 사이즈는 바뀌지 않는다. 때문에 구두를 살 때마다 속상하다. 가까운 사람들은 발이 비슷하면 서로 나누어 신기도 하고 자매끼리는 물론 모녀지간에도 바꿔 신는 걸 보았다.

구두점의 판매원들은 내 발의 사이즈를 믿지 않는다. 추천하던 구두를 신어보게 한 후 슬그머니 사라졌다가 나온다. 공략은 뻔하다. 구두의 깔창을 뜯고 작은 깔창을 집어넣고 의기양양한 미소를 띠며 신어보라고 한다. 양복을 쫙 빼입고 유행하는 머리 스타일을 한 판매원들은 어이없는 표정으로 픽 웃는다. 아무리 찾아봐도 그 발에 맞는 구두는 못 찾을 거란 암시다.

이민 오기 전, 운이 좋으면 맞는 구두를 만날 때가 있었다. 실수로 너무 작게 만들어 무용지물이 된 구두를 혹 임자가 생길까 해서 내놓는 것이다. 그래서 나는 구두점을 지날 때마다 자세히 들여다보는 습관이 생겼다. 진열된 구두 중에 터무니없이 작은 구두가 있으면 틀림없이 내 몫이다.

시애틀에서도 몇 켤레의 구두를 사기는 했다. 노스트롬 랙이란 곳에서다. 그곳에 작은 사이즈가 있곤 했다. 그런데 요즘엔 통 발견할 수 없다. 있다고 해도 조막만 한 구두들은 하나같이 한 뼘이 되는 하이힐이나 요란한 디자인뿐이라 나이 먹은 내겐 해당이 안 된다. 그나마 언제부터인가 사이즈는 5부터라고 쓰여 있다. 하도 딱하니 뉴욕에 사는 딸이 인터넷으로 4사이즈의 구두를 주문해 보내주었지만, 그것도 커서 반송하고 말았다. 어린이들의 구두를 살펴보다가 납작한 신발을 사면서 쑥스러웠던 경험을 털어놔도 되려나 몰라.

신발은 애초 발을 보호하거나 장식하기 위해 만들어졌다고 한다. 원시시대에도 동물의 가죽이나 나무껍질로 발을 쌌단다. 우리나라의 신발은 서민들의 짚신, 나막신, 양반의 비단신, 삼신, 가죽신이 있었다는 걸 박물관 유리 진열장을 통해 보았다. 서민의 신, 양반의 신에서는 그 시대의 사회계층과 문화, 삶의 흔적을 더듬어 볼 수 있었다.

나는 고무신 세대다. 고무신은 1910년경에 생겼다고 한다. 흰 고무신, 검은 고무신 모두 우리 민족의 각별한 풍조와 정이 담겨 있다. 어렸을 적에 꽃무늬나 색동 무늬가 있는 고무신을 신고 졸랑졸랑 자랑하며 걸어 보았던 기억이 난다. 초등학교에 다닐 때는 고무구두라는 신발이 있었다. 검정 고무로 구두처럼 만든 신발인데 남자 고무신 같아서 싫어했다.

신발 한 켤레가 신분을 상승시킨 신데렐라의 유리 구두, 콩쥐의 꽃신 동화를 읽으며 얼마나 가슴을 설레었던지. 착하지만 가난하고 불쌍했던 주인공들이 신발 한 켤레로 행복해지는 이야기는 세계의 어린이들에게 아름다운 꿈을 주었으리라. 신데렐라의 이야기는 놀랍게도 세계에 천여 개의 버전이 있다고 하지 않던가.

내 작은 발을 감싼 구두를 본다. 어려운 경로를 거쳐 내게 온 그들이 대견하다. 신는 날부터 적응하느라 구두도 고생한다. 몸무게를 마음 놓고 구두에게 맡기며 내 발은 편안해지기 시작한다. 내 작은 구두는 비포장도로의 자갈길이나 물이 고인 험한 길도 크고 값진 구두 못지않게 묵묵히 참으며 주인의 발을 안전하게 보호해 준다. 내가 어렵고 힘들지만, 꼭 가야 할 곳을 갈 때 구두는 얼마나 가벼운지, 망설이며 억지로 가는 길은 구두도 내 마음처럼 무거워하는 것 같다. 구두가 순하게 내 발처럼 느껴지면서 정이 든다.

몇 켤레 안 되는 구두를 꺼내놓고 깨끗하게 정성껏 닦는다. 우리 몸의 가장 낮은 곳에서 봉사하는 구두는 우아한 모자나 화사한 옷처럼 눈에 금방 띄지 않는다.

그러나 멋스러운 모자와 몸에 걸친 명품 옷도 구두가 받쳐줌으로 그 진가가 드러난다. 그래서 어떤 이는 구두야말로 외모를 완성시키는 결정품이다. 진짜 멋쟁이는 구두로 알아본다고 말했다지 않는가. 구두 선택이 적은 나는 멋쟁이 되기를 포기한다. 그러나 작은 구두라도 나는 행복하다. 구두야, 고맙다.

2013. 5.

화났어요?

꽃대가 너무 길다. 조금 자르고 싶어서 다시 들어가는데 꽃집 여인이 나오며 생긋 웃는다. 서 있는 나를 보더니 뭐가 필요해요? 눈으로 묻는다. 가위가 필요하다고 하니 다시 뛰어 들어간다. 사용한 후에는 여기에 그냥 놓고 가도 된다며 또 생긋이 웃는다. 예쁜 친절에 기분이 상쾌하다. 그 순간 우스갯말이 떠올랐다. 일본 사람은 웃는 표정, 중국 사람은 무표정, 한국 사람은 화난 표정. 미국 사람은 뭐라고 할까? 문득 우리가 경험했던 표정들과 따라왔던 사건들이 생각난다.

일본 사람

좀 오래된 일이지만 남편의 출장지인 일본의 미스코시 백화점에서다. 크리스마스를 앞둔 그곳은 쇼핑객들로 붐비고 있었다. 몇 가지 물건을 산 후 점원에게 전철을 이용하려고 하니 정거장이 어디냐고 물었다. 그 점원은 도와줄 일이 있어서 즐겁다는 표정이 되더니 옆의 점원에게 잠시 손님을 안내하러 간다고 말한 후, 자기를 따라오라고 했다. 미안해진 남편은 그냥 설명해 달라고 했지만, 그녀는 활짝 웃으며 사람들을 헤치고 나갔다. 엘리베이터를 타고 백화점을 나서고도 한참을 더 가더니, 여기서부터 똑바로 간 후 우회전, 좌회전… 자상하게 설명을 했다. 찾아갈 수 있겠냐고 다짐까지 하더니 즐거운 여행이 되라고 방긋 웃으며 허리 굽혀 인사까지 하고 또 했다.

서양 사람

한동안 캐나다 국경을 넘으려면 두어 시간 걸리던 때가 있었다. 여행을 마치고 돌아오는 길인데 남편은 국경을 빨리 넘자며 한가한 쑤마 국경으로 가자고 했다. 그런데 십여 년 전에 왔던 곳이라 기억이 가물가물했다. 비는 부슬부슬 오는데… 어쩌다가 조용한 동네로 들어서고 말았다. 당황한 우리에게 백인 노인이 다가왔다. 남편은 내려서 지도를 내밀며 길을 물었다. 노인이 안에 대고 돋보기를 가져오라고 큰 소리로 말했고 그의 아내는 얼른 안경과 우산, 볼펜까지 챙겨서 왔다. 여인은 우산을 받쳐주고 노인은 열심히 설명을 한다.

가는 비가 눈 깜짝할 사이에 먹구름을 뚫고 소나기로 변했다. 열심히 가르쳐 주었지만, 점점 더 괴상한 길이 나온다.

어느새 어두워졌고 시커먼 빗줄기 때문에 앞이 보이지 않으니 겁이 더럭 났다.

이때, 차도 옆의 콸콸대는 도랑 건너 한 젊은 청년이 우릴 보더니 차에서 내렸다. 남편이 길을 물으려고 골짜기로 내려서자 친절한 청년이 소리친다. 위험하니 오지 말라며 눈 깜짝할 사이에 첨벙, 그가 넘어왔다. 그도 갸웃댄다. 길이 바뀐 것 같다고 말하며 억수 같은 비를 피할 겸 조금 더 가면 상가가 나오니 쉬었다가 가는 게 어떻겠냐고 착한 아이같이 웃었다. 그의 말대로 한참을 두리번거리며 가다 보니 정말로 시커먼 빗줄기 사이로 네온사인의 상가가 나타났다. 반가운 한글 음식점 간판도 보였다. 불안했던 마음이 사라졌다.

한국 사람

먼저 들어갔던 남편이 어이없는 표정으로 금방 나왔다. 아니, 쫓겨나왔나 보다. 남편은 실없이 허허허, 웃었다. 중년의 여인이 반가운 듯 "어서 오세요. 몇 분이세요?" 소리쳤단다. 길을 좀 여쭈려고요 하자, 돌변한 여인이 무섭게 째려보며 "지금 바빠요!" 벼락을 치더라나. 남편은 완전히 얼이 빠진 얼굴이다.

중국 사람

중국 식당에서 중년의 남자가 불쑥 나왔다. 그는 표정 없이 남편을 데리고 들어갔다. 한참 만에 싱글벙글하고 남편이 나타났다. 여긴 너무 친절하구만. 중얼거리며 한국 음식점을 힐긋 쳐다본다. 저녁때인지라 한식집과 비슷한 분위기였건만, 따뜻한 엽차를 권한 후 그림을 그려가며 자세히 설명해 주더라고. 남편이 갖고 있는 지도는 너무 오래된 것이라며 지금은 주소가 변경되었고 우리가 찾던 표지판은 없어졌단다. 자기의 지도를 프린트까지 해 주며 가는 도중에 이상하면 전화하라고 명함까지 주더라고. 섭섭했던 마음이 사르르 녹았다. 명함을 간직했던 남편은 이메일로 밴쿠버 '친구들에게 당신의 음식점을 소개하리다.'라고 감사의 인사를 보냈다.

동족이라고 반가워했건만. 손님이 아니라 화났어요? 첫마디에 주눅 들게 만들었던 벼락 아줌마. 그날, 그녀는 너무 힘이 들었나 보다.

친절한 사람, 예의를 지키는 사람, 마주치면 생긋 웃는 사람 되기가 그렇게 어려운 일일까? 유치원에서의 가르침만 유지해도 한국 사람은 화난 표정이라는 불명예는 면할 텐데. 개개인의 표정은 사회의 표정! 사회의 표정은 나라의 표정! 이젠 한국인의 인상도 바뀔 때가 되었건만.

기우였구나. 사람들은 말한다. 모르는 말씀. 한국여행을 해 보세요. 옛날 한국이 아니라니까요. 친절한 나라로 바뀐 지 오래됐어요!

2013. 3.

화해

마음이 편하다. 오래 미루었던 숙제를 푼 듯 홀가분하다. 그 친구와 드디어 화해를 했기 때문이다. 그녀와 나는 몇 년 동안 소식을 끊고 지냈다. 속내는 은근히 소식을 기다리면서도 서운함이 가시지 않아 궁금하지 않은 척했을 뿐이다.

학창시절 그녀와 나는 자매 같은 사이였다. 남녀공학에 다닌 우리에게 남학생들이 놀렸다. 둘이 너무 붙어 다니면 연애를 못해요. 어머니는 늘, 아무개는 너에게 이 엄마보다 더 살뜰하게 챙겨 주는구나. 하셨고 그녀의 조카들은 나를 문자이모라고 불렀다. 후에 우리집 아이들은 친구를 아무개 이모라고 했고.

나는 결혼하고 직장 일이나 주부 역할을 평범하게 해 왔지만 그녀는 결혼도 안 하고 미국에 가서 이민 여성들의 길잡

이로, 청소년들의 지도자로 활동하는 사회 인사가 되었다. 우리는 서로 그리워하며 크리스마스카드, 생일카드, 나에겐 결혼기념일카드 심지어 우리 아이들이 어릴 땐 장난감이나 옷도 보내주며 끈끈한 관계를 이어왔다.

각자의 생활에 충실하면서 강산이 몇 번 바뀌었을 즈음, 어떤 계기에 '사람에 대한 예의' 문제로 생각의 차이가 드러나면서 많은 말이 오갔다. 믿거라 하고, 또 위한답시고, 서로 자신의 생각이 맞다고 주장했다. 그러니까 우리는 서로의 충고를 오해했던 것이다. 친구의 말은 나의 자존심을 심하게 긁었고, 그녀 또한 내 말에 상처를 입었던 것이다. 생각의 간극을 메꾸지 못한 채 우리는 아주 섭섭한 사이가 되고 말았다. 가까웠던 만큼 노여움도 짙어 몇십 년 가꾸어 온 아름다운 우정에 깊은 금이 가고 말았다. 카드도, 편지도, 전화도, 궁금증도 뚝 끊어진 것은 물론이다. 우리가 왜 이렇게 되었을까? 생각할수록 너그럽던 그녀가 야속하고 서운했다.

나는 살면서 누구와도 담을 쌓은 적이 없다. 심지어 다른 사람들이 상종 못할 사람이라고 험담을 해도 나는 그 사람과 잘 지냈다. 그런 나를 잘 아는 친구들은 말했다. "아니 두 사람이 웬일이야? 그러지 말고 안문자가 먼저 연락해!" 남편도 여러 번 말했다. "원, 그 나이에 무슨 자존심이야. 두 사람이 지내온 세월을 생각하면 어이가 없군, 먼저 연락하지 그래." 그러면 그럴수록 나는 "흥, 자기는 왜 먼저 안 하노?" 했다.

그러나 가슴 깊이 괴롭고 슬픈 것은 부정할 수 없었다.

평생의 인간관계에 오점을 남기고 싶지 않은 나다. 더구나 다정했던 친구 사이라니! 나는 여러 번 화해를 생각했지만, 용기가 없었다. 어머니가 생전에 하셨던 권유가 용기를 내는 결정적 동기가 되었다. "예수를 믿는 사람들이 그러면 쓰냐? 제사보다 형제 화목이 먼저라는 말씀을 생각해 봐라. 나이들이 그만해 가지고 그러면 못쓴다. 나중에 후회한단다." 그러나 어머니의 말씀을 듣고도 한참 세월이 흘러갔다. 그 알량한 자존심 때문이었다. 그렇다. 하나님이 기뻐하시는 삶이란 나를 낮추고 말씀에 순종하는 삶이 아니겠나.

나는 내 용기를 막는 자존심을 내려놓고 화해의 첫 단추를 열었다.

'보고 싶은 아무개야, 몇 년 만에 불러보는 너의 이름인지…. 문득문득 생각나고 순간순간 괴롭히던 너와의 관계였어. 기도할 때마다 나의 위선을 부끄러워하며 거짓된 마음을 감출 수 없었단다. 이 나이에, 등진 사람 단 한 명도 없던 나에게 자매같이 지내던 너하고, 정말 어이없는 일이지 뭐'

내가 잘못한 것, 건방 떨며 충고랍시고 너의 마음을 상하게 했던 것 용서해 주기 바란다고. 미안했다고 진심을 담아 사과했다. 너와 허물없이 친했던 옛날이 그립고, 네가 베풀어 준

사랑을 잊을 수 없다고 했다. 내 사과를 받아줄 줄 믿고 마음을 편히 가지겠다고 했다.

얼마 후 그녀도 반기며 답을 보내왔다. 우린 다시 옛정으로 돌아갔다. 간절했던 마음과 마음이 통했다는 감격으로 우리는 함께 기뻐했다.

남을 용서한다는 것은 따지고 보면 나 자신을 용서하는 것이다. 엉킨 감정에 메어 있던 나를 자유롭게 하는 일이다. 나는 친구와의 화해를 통해 많은 것을 깨닫게 되었다. 가까운 사이일수록 말을 조심하고 삭히지 못할 섭섭함이라면 즉시 풀어야지, 오해란 상대를 제대로 이해하지 못한 데서 비롯되는 것, 불협화음이 나기 전에 솔직히 표현해야겠다는 것도 새삼 느꼈다. 오해와 이해 사이의 설명할 수 없는 미묘한 감정에 매어 주저하는 것은 사실 아무 도움이 되지 못한다. 용서의 어려움을 이해인 시인은 이렇게 읊었다. “당신을 용서한다고 말하면서/ 사실은 용서하지 않은/ 나 자신을 용서하기/ 힘든 날이 있습니다”라고.

성경은 ‘화평케 하는 자는 복이 있다’고 가르친다. 모든 사람과 화목하라, 평화로운 관계를 위해서 나를 내려놓으라고 한다. 또한, 우리가 남을 용서하지 못하면 우리도 용서 받지 못한다고 하셨다. 용서는 사랑의 또 다른 표현이 아니겠는지.

2020. 2..

혼수가 뭐기에

친구들에게 인기가 있는 남편의 대학 동창이 있다. 그는 우리가 한국을 방문했을 때 참담한 표정으로 얼마 전 중매를 잘못 서서 친구를 잃게 된 이야기를 들려주었다.

한 친구에게 참으로 현명하고 유능한 교수 딸이 있었고, 또 다른 친구에게는 자랑스럽게 키운 의사 아들이 있었다. 그는 두 친구를 위해 좋은 일이라 생각하며 팔자에 없는 중매를 섰다고 했다. 누가 생각해도 이상적이고 아주 잘 어울리는 한 쌍 같았다. 멋있는 젊은이들은 대화도 잘 통했고 금세 호감이 가는 좋은 관계로 이어졌다. 상견례를 마치고 결혼 날짜가 정해진 후 신랑의 아버지는 중매 친구에게 말했다. “뭐 요즈음 물건들이 무슨 소용이 있겠나? 자기들의 앞날을 위해 현금으로 혼수를 해 오는 것이 낫지 않겠어?” “그럼, 그럼, 아주 현실적인 생각이고 말고. 색싯집에 내가 말해 보지 뭐." 중매 친구는 신붓감 아버지에게 말했다. "신랑 집에서 말하기를 혼수는 말이야, 그저 자기들이 알아서 하게끔 현금으로 하면 어떻겠냐고 하는데…." "아, 그래? 그것도 좋지 뭐, 얼마나 하면 될까?" 중매 친구, 잠시 생각하다 자기로서는 최대한의 금액으로 여기며 "한 삼천만 원이면 되지 않을까? 잘은 모르겠지만." 하고 조심스럽게 운을 뗐다.

신부의 아버지는 좀 떨떠름했지만, 그들이 원하는 대로 하리라 마음먹었다. 똑똑하고 예쁜 딸을 금쪽같이 키워 자랑스러운 사위를 보게 되었으니 얼마나 흐뭇했겠는가. 의사 사위를 인정해 주고 훌륭하게 아들을 길러낸 부모의 수고에 예의를 지키자는 생각이었다. 청빈하게 살아온 색싯집에서는 다소 무리가 되었지만, 딸을 위하여 친구의 제안보다 더 많은 금액을 정성껏 준비했고 혼수도 최선을 다했다.

아름다운 결혼식을 마치고 꿈 같은 신혼을 보내며 두 사람은 각자 자기의 일을 시작했다. 신랑 집에서의 요구만 뺀다면 여기까지는 아무 문제가 없는 흐뭇한 결혼 이야기다. 그런데 정작 하고 싶지 않은 탐욕스러운 이야기가 뒤따른다.

몇 개월이 지난 후, 그 혼수가 성에 차지 않았던 시부모들은 참았던 욕심이 튀어나오기 시작했다. 널리 알려진 비상식적인, 뚜쟁이들이 만들어 낸 그것, 세 개의 열쇠다. '사' 자가 붙은 일부, 세상 풍조를 타는 몰지각한 남자들과 그 부모의 욕심이 바라는 것 말이다. 이 부모도 예외는 아니었다. 아무리 정성이 담긴 혼수면 뭐하나? 열쇠를 바랐으니까. "얘야, 네 남편 친구 아무개 알지? 이번에 장가를 갔는데 색싯집에서 병원을 차려 주었다는구나. 너희들도 병원을 빨리 차려야 될 터인데…." 누구는 아파트를, 누구는 고급 승용차를 하며 불만이 터져 나오기 시작했단다. 행복한 결혼 생활을 기대했던 새댁은 자존심 때문에, 그리고 정성을 다한 친정 부모님 생각에 더 이상 행복하지 않았을 것이다.

시아버지까지 노골적인 아쉬움을 나타낼 때, 남편의 마음을 색시는 더 이상 참지 못했다. 그래도 남편은 그런 상식에 어긋난 생각은 하고 있지 않겠지, 남편의 마음을 확인하고 싶었던 아내의 바람마저 실망으로 변했다. 사리가 분명한 아내는 남편에게 따지게 되는 것은 당연한 이치. 아마도 또박또박 사람의 도리를, 부부의 사랑을, 삶의 가치를 이야기했을 것이다. 치사한 속마음을 감출 수 없게 된 그는 부인을 향하여 고약한 말투와 함께 어떻게 했을까? 짐작이 간다.

간혹 신문에서 혼수 문제로 구박받다 못해 법의 힘을 빌려 이혼하는 기사를 본다. 법도 이럴 땐 여성의 손을 들어준다. 이혼은 물론 위자료까지 톡톡히 내라고 호통을 친다. 그런 기사를 볼 적마다 "에잇, 나쁜 인간들." 하는 말이 튀어나오곤 했다. 이번에도 물론이다. 생각해 보라. 내 딸이, 나의 여동생이, 나의 조카가 그런 일을 당했다면 얼마나 분하고 가슴이 아프겠는가?

그 뒤, 견디지 못한 그 여성은 홀로서기로 돌아가고 말았다. 나는 그녀를 응원한다. 희망이 없다고 생각될 때는 깨끗이 돌아서는 거야. 앞길이 창창한 유능한 사람, 돼지에게 진주였어. 잘 결정했어.

공부를 많이 한 그 청년, 교육이 무슨 필요가 있으며 일류대학을 나오면 뭣하나? 도덕성이 결핍된, 욕심 때문에 현실과 타협하는 잘못된 생각에 사로잡혀 자기의 앞날에 오명을 새겨 놓고 또 어떤 인생을 살아가려나? 또 그 부모는 어떠한가. 감히 성스러운 결혼을 모독하다니. 설사 물질적 욕망을 채웠다 한들, 사랑이 없는 인생이 아름답겠는가? 물질 만능주의에 오염된 사회, 정치, 경제, 곳곳에 믿고 싶지 않은 일들이 넘쳐나는 세상이 안타깝고 어지럽다.

좋은 일을 해 보려던 순수한 중매 친구는 그들의 기막힌 뒤처리로 중간에서 괴롭던 이야기를 하며 혼수가 도대체 뭐기에, 연속극에서나 있는 이야기인 줄 알았는데 실제로 내가 경험했다고 한탄했다.

순수한 젊음의 꿈이 짓밟혀 잠깐 슬펐던 아름다운 그 여성에게 말해주고 싶다. '그 사람을 용서하고 잊으세요. 앞으로 더 아름답게 빛날 새날을 위해서 당당하게 살아가노라면 상처가 아물고 참사랑을 만날 수 있을 거예요.'

그 청년에게도 말해 주고 싶다. '의사가 된 젊은이! 인생에서 가장 아름다운 날들을, 가장 반짝이는 사랑의 기쁨을 잃게 된 것 아세요? 사랑이 없는 의사는 환자를 돈으로 보게 될 터이니 얼마나 불행할까요? 먼저 사람을 사랑하는 법부터 배우세요.'

도대체 혼수가 뭐기에 사랑과 믿음으로 맺어진 결혼에 걸림이 된다는 말인가?

2007. 4.

그때 그 여인

친구가 부부싸움을 했다면서 전화가 왔다. 별것 아닌 일로 작은 말다툼이 벌어졌는데 이젠 그것도 힘들다며 하하하 웃는다. 동창들 사이에 금실이 좋다고 소문난 친구다. 그런데 마지막 말 때문에 화가 쉽게 안 풀린다고 한다. 더 이상 왈가왈부하기가 귀찮아서 픽 웃고 마감하려고 했는데 느닷없이 "당신 밥 먹고 그렇게 할 일이 없어?" 하더라나. "아무리 부부지간이라도 할 말, 안 할 말이 있잖아? 뭐라고 복수할 말이 없냐?" 툴툴거린다. "농담처럼 한 말인데 뭘" 우리 삼시 세끼, 밥값이나 제대로 하며 살자고 했더니 깔깔대며 전화를 끊는다.

'당신 밥 먹고 그렇게 할 일이 없어?' 어, 이 말은? 생각난다. 순간, 온몸에 소름이 돋는다. 그때 그 여인.

그날의 다섯 사람은 서로 쳐다만 보아도 사랑의 미소가 솔솔 피어났다. 우리는 존경하는 분을 모시고 식사시간을 기다리던 중이었다. 일행은 식당 문이 열리기 30분 전 백화점의 소파에서 잠시 기다리려고 했다. 그곳에는 이미 한 여인이 앉아 있었다. 모자라는 자리를 서로 양보하는 걸 본 그녀는 빤히 쳐다보다가 기분 나쁜 표정으로 후닥닥 일어났다. 나는 그분에게 "감사합니다." 하며 진정으로 미안해했다. 자리에 앉으려는데 쇼핑한 물건인 듯 작은 비닐봉지가 시선을 끌었다. "빨리 갖다 줘." 누군가의 말에 "여보세요" 몇 번이나 부르며 따라갔으나 그녀는 도망치듯 그냥 간다. 나는 급히 다가가 어깨를 토닥였다.

순간, 획 돌아선 그녀의 무서운 눈초리. 멈칫, 머리칼이 곤두서는 두려움으로 헐레벌떡 돌아와 벌레인 듯 비닐봉지를 던져버렸다. 언제 쫓아왔는지 여인은 나를 째려보다가 둘둘 말은 종이로 내 어깨를 탁 내리친다. 그러고도 분을 못 참는 듯 숨을 몰아쉬더니 "당신 밥 먹고 그렇게 할 일이 없어?" 소리친 후 봉지를 들고 휑하고 돌아섰다. 나는 얼떨결에 어깨에 손을 댔고 놀란 일행은 어리둥절한 표정이 됐다. 파랗게 질린 내 얼굴을 보신 K 선생님, "진정해요, 정신을 약간 놓은 사람인가 봐요." 내 등을 쓰다듬으며 작은 소리로 위로해 주셨다. 지금도 그녀가 왜 그랬을까? 생각할 때마다 몸이 오싹해진다.

그날, 매섭도록 날카로워 보였던 그 여인의 눈빛은 무슨 사연 때문이었을까? 마음의 상처는 미움과 분노가 되고 이 세상의 모든 것들은 자기의 아픔을 확대시키는 존재일 뿐이라고 생각하는 게 분명하다. '피해망상증?' 그 눈은 불안으로 떨고 있었으니까.

선물로 받은 책인데 주제가 무거워 미뤄뒀던 『불안감 버리기 연습』(통증클리닉 원장 오광조)이라는 책을 읽었다. 나는 왜 불안한가? 첫 문장을 의문으로 시작했다. 불안감 지우는 연습, 불안감 바꾸기, 행복한 인생을 위한 감정 연습에 대해 쓴 책이다. 불안은 삶과 함께하는 숙명이라고 한다. 읽기 전 그때 그 여인의 불안했던 표정을 떠올리며 잠시 생각해 봤다. 불안의 원인은 세상 곳곳에 널려 있다. 현대사회 자체가, 아니 삶이 불안의 연속이다. 전쟁이 일어나지 않을까, 병에 걸리지 않을까, 교통사고가 나지 않을까, 불량식품이 아닐까. 뭐니 뭐니 해도 자유스럽던 일상이 정지된 코로나바이러스야말로 가장 힘든 불안이다. 불안은 요람에서 무덤까지란 말도 있다. 별수 없이 맞닥뜨리며 살아가야 하나? 정답을 찾으려고 열심히 책장을 넘긴다.

학문과 경험, 숱한 사례들로 두툼하던 책의 결론은 간단했다. 흔하고 평범하지만 중요한 세 가지로 질문을 던진다. 삶에서 가장 중요한 시간은 언제인가? 가장 중요한 사람은? 가장 중요한 일은? 불안에 떨고 있는 사람을 위해 어느 현자가 말한다. '이 세상에서 가장 중요한 시간은 현재이고, 가장 중요한 사람은 지금 내 곁에 있는 사람이다. 그 사람에게 선을 행하라. 인간은 그것을 위해 세상에 온 것이므로 우리는 지금 대하는 사람에게 사랑과 선을 베풀어야 하느니라.' 톨스토이의 단편소설 『세 가지 의문』*에 나오는 내용이라고 덧붙였다. 나는 어리둥절했다. 예수님의 가르침과 무엇이 다른가. 따지고 보면 어려울 게 하나도 없구나. 과학이나 철학, 문학, 예술의 궁극적 지향점은 하나가 아닐는지. 결국은 하나님의 사랑을 닮아가는 '끝이 없는 인간사랑'의 실천이 불안 제거의 열쇠라고 이해했다. 역시! 사랑은 모든 문제를 극복할 수 있다. 책을 덮으며 나는 만족했다.

사랑이 필요했던 그때 그 여인은 지금은 어디서 무얼 하고 있을까? 그러고 보면 불안이란 외부에서 오기보다 마음에서 발생하는 감정일지 모른다. 사랑하고 사랑받으면 되는 것인데. 사랑만 나눌 수 있다면 그녀 속에 박힌 알 수 없는 상처는 치유되고 절망의 안개는 서서히 걷힐 수 있으련만. 외모도 차림새도 깔끔했던 그 여인, 그녀가 사랑의 힘을 체험하기 바라는 마음 간절하다.

* 『세 가지 의문』: 러시아의 문호, 톨스토이가 그의 사상과 행복을 요약하여 쓴 단편소설

2020. 8.

살아 있는 해바라기

우리 아버지 안성진 목사가 지은 동시에 「해바라기」가 있다. 아버지는 해바라기를 정말 좋아하셨나 보다, 친구 목사님들과 함께 글을 쓰는 아동문학 동인회가 있었는데 그 모임 이름이 '해바라기'였다. 작곡가 장수철 선생님이 아버지의 동시 해바라기에 곡을 써주신 노래가 들어 있는 어린이 노래집 제목이 「해바라기」다.

그뿐인가, 아버지가 일하던 기독교 어린이 문화관에 '해바라기 합창단'도 있었다. 해바라기 모임에는 박윤삼, 안성진, 오기선, 이봉구, 이태선, 최영일, 최요섭, 황광은 목사와 유영희 장로가 함께했다. 이들 가운데 대부분이 세상을 떠났다. 언제나 인자하고 따뜻한 미소를 머금던 그분들의 모습이 생생히 떠오른다. 얼마나 재미있고 다정한 분들이었는지. 이태선 목사는 참새, 유영희 장로는 솔솔이, 아버지는 오토바이라는 별명이 있고 우리 형제들이 지은 황광은 목사님의 별명은 '해바라기 목사님'이었다.

우리가 한창 자랄 때에는 생일 같은 건 잊고 지나갔다. 먹고살기도 바빴으니까. 그러나 어머니는 아버지의 생신만큼은 그냥 넘기지 않았다. 특별하게 차리지는 않았지만, 국과 반찬이 조금 달랐다. 그런데 딱 한 번, 해바라기 모임의 친구들을 초대한 것이다. 언니와 나는 이번에야말로 아버지에게 선물을 꼭 해 드리자고 약속하고 오래 모은 돈으로 18금 실반지를 샀다. 잔치가 한창 무르익을 때까지 선물을 드릴 용기를 내지 못하고 있었다. 눈치챈 어머니가 "우리 딸들이 아버지에게 생신 선물을 드리고 싶다네요."라고 덜컥 말해버렸다. 우린 부끄러워하며 반지가 든 작은 통을 내밀었다. 깜짝 놀란 아버지는 "허허허, 이것 봐라. 원 이런" 환하게 웃으며 반지를 끼고 손을 들어 보이며 좋아하셨다. 목사님들은 박수를 쳤고 우리가 가장 좋아했던 황광은 목사님은 다정한 미소로 "야, 안 목사 좋겠구나. 향실이와 문자가 아버지에게 반지를 다 선물하고, 너희들 예쁜 효녀들이구나."라고 하셨다. 우리는 황 목사님의 칭찬이 너무 좋아 얼굴이 빨개졌다.

아, 황광은 목사님! 언제나 해바라기처럼 웃곤 하셨지. 우리들이 가장 좋아했고 아버지와 제일 친했던 해바라기 목사님! 황 목사님은 불쑥, 4층인 아버지의 사무실에 나타나곤 하셨다. 아버지의 발자국처럼 탕탕탕, 단숨에 올라와 아버지가 사무실에 있을 때면 "야. 있구나!" 두 팔을 벌리며 환하게 웃으셨다. 목사님은 느닷없이 가난한 청소년을 데리고 와서 어린이 문화관에서 일을 시키라고 했고, 돋보기안경을 모아 안경 없는 노인들에게 나누어주는 일을 하자고도 했다. 이미 고아들의 아버지로, 불우한 청소년들의 형님으로 일하고 있으면서도 돕고 싶은 일들, 하고 싶은 아이디어가 넘쳐서 당장 일을 해야 한다고 하셨다. 돈도 없고 일손도 없으니 안타깝다고 활활 타오르던 목사님의 마음을 아버지는 진정시키곤 했다. 정의감으로 펄펄 뛸 때는 황 목사가 더 오토바이 같다며 아버지도 빨개진 눈으로 껄껄 웃으셨다. 두 분은 형제처럼 사랑하셨다.

황광은 목사님을 생각하니 유명한 이야기가 떠오른다, 황 목사님이 대광고등학교 교목으로 계실 때다. 졸업을 앞둔 학생들과 깊은 산속에서 수양회를 갖게 되었는데 목사님께 배정된 학생은 예수님의 제자들처럼 열두 명이었다. 목사님은 예수님의 정신이 깃든 인격 훈련을 시키겠다는 마음으로 학생들의 발을 씻겨 주기로 하셨다.

"애들아 다 모여라, 목사님께서 우리들의 발을 씻겨 주신댄다." "낄낄, 나요, 나부터 씻겨 주세요." "깔깔깔, 간지러워요. 좀 더 꽉꽉 문질러주세요." 학생들은 신이 나서 까불었지만, 목사님은 심각한 얼굴로 한 사람씩 정성을 다해 씻겨 주셨다. 얼굴에서는 땀이 뚝뚝 떨어지고 약한 몸은 쓰러지기 일보 직전이었다. "내일모레면 졸업하는 너희들이 아직도 생의 목표를 정하지 못했다면 말이 되느냐? 이 산에서 내려가기 전에 뭐든 결심이 있기를 나는 간곡히 바란다." 목사님의 목소리는 떨리고 눈가에는 눈물이 맺혔다. 그 순간 학생들은 조용해졌고 깨끗해진 자신의 발을 내려다보았다. 모두가 눈이 빨개지며 고개가 점점 숙어졌다.

별들마저 잠이든 한밤중, 울음소리와 함께 웅성거리는 소리가 크게 들렸다. 선생님들이 벌떡 일어났다. "주여, 나도 발을 씻기는 사도가 되게 하소서." "내 민족의 발을 씻기게 하소서." 감동으로 잠을 못 이루던 학생들의 기도에 성령이 임하셨다. 그 눈물의 기도 소리가 황 목사님의 귓가에서 영원히 사라지지 않았다고 하셨다.

아, 황광은 목사님! 목사 중의 목사, 나보다 남을 먼저 생각하던 목사님, 자기 것을 털어 불쌍한 이웃에게 주시던 그는 결국 과로로 병을 얻었다. 그래도 쉬지 않으시던 성자 목사님은 47세의 젊은 나이로 세상을 떠나셨다. 아까운 목사님을 떠나보내며 아버지는 많이 우셨다. 아버지와 황광은 목사님은 많이 닮았다. 인자한 모습이, 어린이 사랑이, 교회학교 교육이, 무턱대고 저지르던 열정이, 아동 설교 일등이 그랬다. 그리운 우리 아버지! 안성진 목사님과 황광은 목사님! 그 후,

부모님은 두 동생을 데리고 미국에 이민하셨고, 나는 YWCA 연합회에서 황광은 목사의 사모님 김유선 선생님은 서울 YWCA에서 일하며 다정한 만남을 가졌다.

오늘도 하늘나라의 해바라기 꽃밭에서 우리 아버지와 어머니, 그리고 황광은 목사님과 김유선 사모님은 그 시절의 고생이 아름다웠다고 옛말을 하시려나? 아니야, 아직도 혼탁한 세상 풍파를 내려다보며 눈물의 기도를 하실 게다.

2012. 7.

6

바다 너머 띄우는 마음

· 「손양원」 오페라의 감동으로
· 지금도 슬퍼하실 함선영 교수님께
· 직원 한 사람을 가족처럼
· 『색채의 연상』을 읽고
· 늦은 인사를 드립니다

「손양원」 오페라의 감동으로

- 존경하는 박재훈 목사님께

박재훈 목사님, 황영숙 사모님 그동안 안녕하셨어요?

이번에도 제4회 공연인 「손양원」 오페라 CD와 팸플릿, 그리고 손편지까지 동봉해 주셔서 목사님을 뵌 듯 반가워하며 깊이 감사드리고 있습니다.

저희 형제들은 박 목사님께서 92세로 건강도 안 좋으신데 끊임없이 오페라를 작곡하시는 놀라운 사실을 기적이라고 믿고 있습니다.

팸플릿을 살펴보니 출연자들이 참으로 훌륭합니다. 유튜브를 통해 한국의 클래식 음악가들이 세계적으로 두각을 나타내고 있는 거 잘 알고 있습니다만, 「손양원」 오페라에 출연한 성악가들도 대단하네요. 오페라를 직접 감상했으면 감동이 더 컸으리라 생각하니 아쉽기도 합니다.

이제 다시, 오페라 「3.1운동」 작곡에 들어가신다니 그 놀라운 용기와 건강 유지에 하나님께서 함께하신다고 생각합니다.

또한, 그동안에 작곡하신 찬송가를 하나의 책으로 묶으신다고요.

아, 생각납니다. 1997년이었지요. 우리 아버지가 살아계실 때 안성진 작사, 박재훈 작곡인 '새 찬송가' 『창조주 여호와』를 출판했잖습니까. 찬송가 22편, 어린이 찬송 9편, 동요 11편이 들어간 창조주 여호와를 받아들고 기쁨으로 흥분되던 순간이 되살아납니다.

책머리에 목사님께서 안성진 목사에 대해 이렇게 말씀하셨어요. '안성진 목사님은 한국교회 어린이 교육에 평생을 바친 분으로 특히 아동교육의 이론과 실제를 겸비한 우리나라 교회 교육의 산증인이시다.'라고요. 두 분은 형제 같은 사이로 평생 각자의 사명을 이루는 데 도움을 나누며 사랑하신 것 잘 알고 있습니다.

안성진 목사의 거침없이 흘러나오는 작사에 목사님께서도 술술 막힘없이 곡이 써진다고도 말씀하셨던 것 기억납니다. 새 찬송가 봉헌 음악예배로 '찬송가 작곡 발표회'를 드렸던 일도 잊을 수 없습니다. 그때만 해도 목사님이나 우리 아버지는 젊으셨지요. 시애틀의 형제교회 성가대와 연합장로교회의 어린이합창단이 출연했고 이 지역의 음악가들과 우리 가족들이 출연했던 일이 어제 일처럼 선명하게 떠오릅니다. 마지막 순서에서 형제교회 성가대와 연합장로교회 성가대가 합동으로 목사님께서 작곡하신 「영광, 영광의 주」를 목사님이 지휘하실 때의 힘차고 신비롭던 모습은 젊은 날 영락교회에서 온몸으로 지휘봉을 잡으셨던 감동이 겹치어 눈물이 났습니다.

박 목사님과 안 목사님이 안겨주신 감격이, 저희 형제들의 감사가 아름다운 추억입니다. 아버지는 가시고 박 목사님은 아직도 활발히 활동하시네요. 가슴이 찡해집니다.

저희는 올해 12월에 개최할 「크리스마스 음악회」 준비를 시작했습니다. 올해가 20회이지요. 이번에는 동부에서 활동하는 조카 남궁유리가 와서 관빈 조카와 듀엣으로 연주합니다. 힘겹게 이어오지만, 형제들의 사랑이 힘이 되어 아버지를 기리는 음악회로 이어갈 수 있으니 기쁨으로 준비하고 있습니다. 이 음악회에 여러 번 출연해 주었던 목사님 따님 박순혜 선생과 박 목사님의 격려에 다시 감사드립니다.

박 목사님, 새로 구상하시는 찬송가 출판과 「3.1운동」 오페라 작곡, 그 외에 계획하시는 모든 일에 하나님께서 기뻐하시며 동행해 주실 줄 믿습니다. 저희는 이를 받아 볼 수 있는 감격의 순간을 기다리겠습니다.

목사님, 그리고 목사님을 섬기시며 사랑으로 도와주시는 황영숙 사모님, 두 분의 건강을 위해 기도합니다.

저희를 기억하며 늘 연락 주시고 기쁜 일에 동참할 수 있도록 관심을 가져주셔서 형제 모두와 마음을 담아 다시 한번 깊은 감사를 드립니다.

2014. 9 안문자 드림.

지금도 슬퍼하실 함선영 교수님께

- 믿을 수 없는 서광선 박사님의 소천

슬픔에 잠겨 계실 함선영 교수님!

얼마나 애통해하셨습니까? 얼마나 허망하셨습니까? 아드님과 손주들이 얼마나 기가 막혔겠습니까? 세계의 신학자들이, 한국의 지성인들이, 서 박사님을 존경하던 지인들과 제자들이 얼마나 놀랐겠습니까? '영원한 청년'이란 별명을 가지신 서 박사님이 소천하셨다는 사실이 믿을 수 없습니다. 아무리 연세가 높아도 아직은 아니라고 생각했습니다.

아버지가 생각나면, 안 씨네 크리스마스 음악회를 마치고 자랑하고 싶으면, 서울 소식이 궁금하면, 답답하거나, 못마땅한 일을 일러바치고 싶어질 때면 서 박사님께 이메일을 드리곤 했습니다. 함 교수님도 같이 읽으신다고 말씀하셨지요. 금세 제 마음이 붕 뜨도록 길고도 재치 있는 답장을 보내주셨는데, 지금이라도 메일을 드리면 꼭 답이 올 것 같습니다.

서 박사님께서 떠나신 지 세월이 좀 흘렀습니다만 함 교수님께 연락을 드릴 수 없었습니다. 무슨 말씀을 드려야 할지, 어떤 위로가 함 교수님께 젖어들겠습니까? 박완서 작가는 남편이 가셨을 때 수많은 위로의 말과 카드와 꽃들이 아무 소용이 없고 오히려 귀찮았다고 글에 썼습니다. 함 교수님도 그런 마음이실 거라고 생각되었어요. 안타까운 마음으로 황영재 사장님과 차선각 목사님, 신선 친구와 전화로 이메일로 슬픔을 나누었습니다.

우리가 서울을 방문했을 때 황영재 사장님의 초청으로 작고도 특이했던 한정식집에서 옛날 이야기하며 유쾌하게 즐기던 시간이 떠오릅니다. 두 분께서는 멋쟁이 모자를 쓰시고 유명 제과인 큼직한 상자를 안겨주셨지요. 2018년 그때가 마지막이 될 줄은 꿈에도 몰랐습니다. 언제까지나 건강하신 모습으로 저희에게 걸출한 대화법으로 희망과 기쁨을 주실 줄 알았습니다.

남편과 저는 신선 친구를 통해 서광선 박사님을 추모하는 행사를 온라인으로 참여했습니다. 환히 웃으시는 박사님의 사진과 그동안 출판된 책들을 바라보며, 믿을 수 없다며 애통해 하는 추모사를 들으며 많이 슬펐습니다.

우리 아버지가 하늘나라로 가셨을 때 서 박사님께서 장장의 추모 편지를 보내주셔서 어머니와 형제들이 많은 위로를 받았던 일이 떠오릅니다. 평양시절부터 아버지와 각별한 사이로 이어져 오늘에 이르기까지, 태평양을 사이에 두고 세계 역사의 흐름과 반세기를 넘긴 분단의 한과 이산가족의 슬픔을 나누며, 불안과 희망을 함께 위로하던 대화가 얼마인지요. 평화와 통일의 새 시대를 갈망했던 아버지와 서 박사님의 염원도, 간절한 기도도, 신학적 이론의 칼럼과 문학으로의 표현도 두 분의 번쩍이는 희망의 대화도 저희 형제들은 읽고 들었습니다.

서 박사님께서 우리 부모님의 결혼 50주년을 기념하여 아버지의 글과 막내 형남이의 그림으로 출판했던 가정문집 『시와 그림』에 아버지에 대해 표현하신 글이 떠오릅니다. "안 목사님은 사리가 분명하고, 정치에 질서가 있고, 논리가 통하는 신사이며, 어른이며 양반이다. 우리는 그래서 싸우지 않고 여태까지 친구로 선후배로 동창으로 가족끼리도 가깝게 지내고 있다." 이 표현은 우리가 생각하는 서 박사님의 모습입니다. 같은 점이 많았던 두 분이 아름다운 우정으로 지낸 것 같습니다. 서 박사님께서 해직 교수가 되셨을 때 한국을 방문하셨던 아버지가 간절하게 이르셨지요, 순교하신 목사의 아들로 대를 이어 목사가 되라고. 안 목사를 순종하며 목사가 되었다고 어느 글에 쓰셨습니다.

우리는 아버지 안 계신 세상에서 자주 뵙진 못하지만 서광선 박사님을 의지했었어요. 특별히 남편은 현대교회에서 서광선 목사님으로부터 장로안수를 받은 일과 서 박사님과 함 교수님, 그리고 젊은 교인들과 즐겼던 테니스 시절을 그리워합니다. 서광선 박사님과 우리 부모님과 저희와의 아름다운 역사는 잊을 수 없는 삶의 기쁨과 위로였습니다.

그동안에 서 박사님께서 보내주셨던 많은 저서와 자료들, 그리고 제 컴퓨터에 입력된 이메일과 원고들은 박사님을 기리는 마음으로 잘 간직하겠습니다.

여기, 저희 두 사람이 서 박사님께 꽃 한 송이 바칩니다. 무덤에 가실 때 꽃으로 저희 마음을 전해 주십시오. 그동안 받은 사랑과 위로, 가르침과 안성진 목사와의 형제 같은 인연으로부터 내리사랑을 주셨던 감사를 함께 담은 마음입니다.

존경하는 함선영 교수님, 세상은 날이 갈수록 피폐해지고 혼란해집니다. 전쟁과 재해와 다른 이름의 질병이 온 세계를 뒤흔들고 있습니다, 그러나 하나님의 보호하심 속에 아픔과 슬픔을 이기시고 아드님과 손주들과 함께 건강한 삶 이어 가시기 바랍니다, 하나님께서 특별한 위로와 평안을 주시리라 믿습니다,

2022. 8. 안문자, 이길송 올림

직원 한 사람을 가족처럼

– 고마우신 김동녕 회장님

김 회장님, 조 박사님 그동안 안녕하셨습니까?

3년째 접어든 코비드로 온 세상이 어둡고 힘듭니다. 저희는 여전히 뉴욕에 있는 아이들을 보지 못하고 형제들과도 만나는 것을 자제하고 있습니다.

그동안 속수무책의 우크라이나 전쟁과 한국의 정권이 바뀌는 과정을 지켜보며 슬픈 우크라이나와 한국을 위해 기도합니다.

'해외에서 뇌출혈로 쓰러진 직원을 살리기 위해 억대의 돈을 들여 에어구급비행기로 후송'이라는 회장님의 기업이 보여준 놀라운 기사를 읽었습니다.

김 회장님! 저는 이 기사를 접하고 경쟁이 치열한 지금 세상에 이런 회사가 있다는 사실이 믿어지지 않았습니다. 감동이 너무 커서, 가만히 있을 수 없어서 아무것도 아닌 제가 펜을 들었습니다. 가슴이 뭉클했던 이 미담이 요즘같이 답답하고 어지러운 현실에서 한 줄기 빛처럼 반짝였습니다. '사람이 먼저'라는 운영 방침은 익히 알고 있었습니다만 이런 회사가 또 있을까요? 크리스천의 입장에서 보면 이런 일이 바로 한 사람을 귀히 여기는 예수님의 삶이었고 예수님을 닮아가는 신앙인의 자세라고 생각합니다.

김동녕 회장님의 인격은 물론 사람을 사랑하셨던 의술의 선구자이신 아버님, 김기홍 박사님의 얼을 이어 세 자녀에게까지 가업이 이어졌다고 생각됩니다. 이 아름다운 정신이 널리 퍼져 나가기를 바랍니다.

'한세실업은 앞으로도 직원 한 사람을 가족처럼 여기며 그들의 건강과 안전을 위해 최선의 노력을 다하겠다'는 기사의 결론을 보며 감탄이 절로 나왔답니다.

그뿐인가요. **'200억 상당의 51만여 벌의 옷을 가난한 일곱 나라에 전달했다'**라는 소식도 감동이었습니다. 이 믿을 수 없는 모든 기사를 읽으며 '하나님, 감사합니다.'의 기도가 신음으로 나왔습니다. 하나님께서 기뻐하시는 일을 하는 이 기업을 돌보시고, 책임져 주시고 축복해 주실 것을 확신합니다.

한 잡지에서 김동녕 회장님의 멋있는 사진과 함께 게재된 「CEO **메시지**」를 읽었습니다. 번창한 사업 규모에 대해서는 제가 가늠할 수 없었지만, 특히 감탄한 것은 **「미래의 프로젝**

트」였습니다. 소외계층에 대한 지원, 지역사회 발전을 위한 지원사업, '**친환경 기술개발**'에도 관심을 두고 연구한다는 점이었습니다. 이 시대가 요구하는 일을 기업보다 더 중요하게 여기고 실천하시는 일은 바로 하나님의 일을 하는 회사 같습니다. 사람을 사랑하기에, 평화롭고 아름다운 세상을 만드시기에 끊임없이 일하시는 하나님의 뜻이 회장님의 한세기업을 통하여 이루어지는 느낌입니다.

또한, 조영수 박사님께서도 교수를 은퇴하시고 과학과 기술이 중요한 시대에 잊혀가는 인문학계를 위해 '**한세 예스24 문화재단 이사장**'으로 활동하신다구요. 돈보다 삶의 가치를 중히 여기시는 일로, 우선, 소외 받고 있는 인문학의 가치를 환기하는, 인문학 연구 지원사업을 시작으로 '**순수 인문학 탐구와 발전을 위해 공헌하는 젊은 연구자에게 총 1억 2000만 원**'을 지원한다는 기사에 깊이 감동했습니다. 환경오염을 비롯해 빈부의 격차 등 현대사회의 난제를 타개하는 일은, 시애틀 변두리의 우물 안 개구리인 저로서는 놀라움 뿐입니다. 하나님의 새로운 질서를 구하는 시점에서 젊은 세대들을 위한 지원에 박수로 응원합니다. '그가 하는 일이 곧 하나님이 하시는 일이었다.'라는 말씀이 귀 회사를 통해 새롭게 느껴집니다.

이웃 사랑이 무엇인지 보여 주신 김 회장님, 어두운 세상을 밝혀 주시는 귀한 김 회장님, 젊은이들에게 해야 할 일을 깨우쳐 주시는 김 회장님, 고맙습니다. 나보다 남을 배려하고 사람 사랑을 위해 일하시는 온 가족의 헌신에 하나님의 축복으로 많은 결실이 있기를 바라며 기도합니다.

'기업이란 이문을 남기는 것이 아니라 사람을 남기는 것이고, 상업이란 이익을 추구하기보다 의를 추구하는 것'이란 어느 거상의 말을 떠올리며 이만 줄이겠습니다.

김동녕 회장님! 저희 안 씨네 「크리스마스 콘서트」에 해마다 정성을 다해 도와주셔서 큰 힘을 주시고, 또한 개인적으로도 많은 사랑을 베풀어 주신 것도 평생 잊을 수 없습니다. 이 기회에 마음을 다해 감사드립니다.

기쁨의 부활을 함께 나누며, 귀 회사와 가정에 하나님 축복 크시기 바랍니다.

2022. 4월. 안문자 올림.

『색채의 연상』을 읽고

– 존경하는 조영수 박사님께

조영수 박사님 안녕하세요?

어느새 감사의 계절을 맞고 있습니다. 저희는 23회 「크리스마스 음악회」를 준비하고 있습니다. 해마다 저희 음악회를 도와주시는 김동녕 회장님과 조영수 박사님의 사랑과 배려에 다시, 깊은 감사를 드립니다.

조영수 박사님이 쓰신 『색채의 연상』을 흥미롭게 잘 읽었습니다. 평소에 느끼지 못했던 색채의 환희와 기쁨과 슬픔, 떨리는 감동을 모르고 그저 예쁘다, 화려하다. 이렇게만 느끼고 살았어요. 색채에 대한 학문은 처음 접하는 분야입니다. 색채에 대한 연구가 고대로부터 그토록 많은 것에 놀랐어요.

'색채는 예술, 과학, 정치, 패션, 스포츠는 물론 여러 방면에서 어떻게 세상을 보아 왔는지를 고스란히 말해준다.'는 문장에 밑줄을 그었습니다. 저도 이젠 여러 색채를 접할 때마다 어떤 느낌이 오는지 가늠해 보곤 합니다.

서문에, 색채는 '언어와 문화를 담는다.'고 하셨네요. 각 나라의 언어가 다르듯이 색채의 감각을 느끼고 표현이 다르다는 것을 배웠습니다. 나라마다 같은 색인데 다른 의미와 다른 상징이 있다는 것이 참으로 신기합니다. 색채를 보고 느낀 통계도 재미있습니다.

책을 읽고 미국의 색채연구소 '팬튼'에서 해마다 그해의 색을, 그러니까 올해의 컬러를 정한다는 흥미로운 사실을 알게 되었습니다. 이 책이 출판되었던 2017년에는 '노란빛이 도는 녹색'이었다지요. 2020년 올해는 무슨 색일까, 궁금해서 찾아봤습니다. '클래식 블루' 얼마나 아름답고 낭만적인 색인지요. 그런데 블루는 '우울, 억눌린 기분', '외로움'을 주기도 한다니 코로나로 인한 불행을 암시한 것 같습니다. 옷가게에 가면 해마다 하나의 색깔로 만들어진 여러 형태의 옷들이 진열되던 것이 생각나네요. 그해의 색을 표현한 것이었음을 알게 되었습니다.

색채가 우리의 몸과 마음, 영혼에 큰 영향을 주고 있다는 것도 관심을 끌었습니다. 색에 대한 예쁜 비유도 즐거움을 줍니다. '연한 파랑은 플루트, 짙은 파랑은 첼로, 초록은 바이올린의 중간 음색과 같다.'라는 표현은 얼마나 예쁜지요.

『색채의 연상』을 읽은 후부터는 아름다운 자연을 접할 때, 책을 읽을 때, 글을 쓸 때, 꽃들과 계절의 변화로 오는 아름다운 색들을 바라볼 때, 주변에 흐르는 여러 물체의 색을 접할 때 새로운 느낌과 함께 이 책의 내용들이 떠오르게 됩니다. 이 책이 저의 삶에, 문학 활동에 풍부한 영감을 주리라 생각합니다. 독문학 박사님이신데…. 이토록 특별하고 아름다운 연구를 하셨으니 더 존경스럽습니다. 귀한 책을 보내 주셔서 진심을 다해 감사드립니다.

책 이야기를 하고 있자니 생각납니다. 시아버님이신 '진단검사의학' 그리고 '헌혈운동'의 개척자이신 김기홍 박사님을 기리며 출판한 『의당 김기홍』이 역사적인 자서전을 다시 음미하게 되는군요. 한국 의학에 큰 발자취를 남기신 김 박사님의 이 뜻깊은 책이 출판된 후, 매해 의학(헌혈) 공로자에게 '의당 학술상'을 수여한다니 아드님이신 김동녕 회장님과 형제분들의 사랑과 봉사가 의학계에 큰 업적으로 남으리라 생각됩니다.

시애틀에 남편 친구인 은퇴한 의사가 있습니다. 그분은 학생 때 김기홍 박사님의 명강의를 기억하고 있지요. 묵직한 이 책을 하루 만에 다 읽었다며 김기홍 박사님의 훌륭한 실력과 의학을 통한, 책을 읽고 느낀 박사님의 인간 사랑에 대해 많은 이야기를 나누었습니다. 저도 서울에서 남편과 함께 몇 번 뵌 일이 있는데 인자하고 친절하셨던 분으로 기억하고 있습니다. 김동녕 회장님께서 훤칠한 키에 미남이신 아버님을 많이 닮으셨어요.

그뿐인가요, 따님인 김지원 사장이 유학시절에 쓴 책, 『마이 스위트 뉴욕』과 『175개 뉴욕 맛집 이야기』를 다시 펴봅니다. 참으로 멋지고 귀여운, 예술적인 책입니다. 우리집 아이들이 살고 있는 뉴욕! 저자는 명문대학에서 경영학을 공부했지만, 진정으로 가슴 뛰는 일이 무엇인지에 대해 고민했다고 했군요. 살아오면서 가장 행복했던 일을 생각하다가 떠오른 것이 어려서부터 요리에 대한 관심이 많았던 것을 떠올리고 좀 더 넓은 세상이 보고 싶어 뉴욕으로 유학을 갔다지요. 요리 공부와 함께 그곳의 명소들을 찾아, 맛보고, 사진 찍고, 글을 썼으니 참으로 멋있는 여성입니다. 잘 다듬어진 정갈한 글들과 예쁜 음식들과 맛집들의 사진이 소개된 이 아름다운 책은 저의 마음까지 설레게 했답니다. 뉴욕에 가면 책에 소개된 명소들을 찾아보고 싶네요.

가족들이 책을 출판하고, 가업을 이어가는 총명한 세 자녀들이 있고 온 가족이 잡지에 소개되고, 얼마나 왕성한 삶을 누리시는지 부럽습니다. 젊은 시절부터 시를 쓰셨던 김동녕 회장님의 시집도 기대해 봅니다.

앞으로도 책을 출판하시거나 '한세실업'의 발전상, 인터뷰의 기사도 종종 보내주시기 바랍니다.

그동안의 끊임없는 사랑, 다시 감사드리며 회사의 무궁한 발전과 예술을 사랑하는 온 가족이 행복하고 건강하시기 바랍니다.

2020. 11. 안문자 드림

늦은 인사를 드립니다

- 다시 뵙고 싶은 최홍식 교수님께

최 교수님, 그동안 안녕하셨어요?

교수님께서는 지금 의아한 표정으로 이 여자가 누구지? 고개를 갸우뚱하실 것 같습니다. 저는 『수필문학』으로 등단한, 시애틀에 사는 안문자입니다.

지난 일 년 동안 교수님을 생각하며 감사함과 죄송한 마음으로 부끄러워하다가 용기를 내어 인사를 드리고 있습니다.

2018년 5월 「수필작가 대화의 모임」 행사에서 제대로 감사의 말씀을 드리지 못하고 온 결례를 지금까지 죄송해하고 있습니다. 그러나 『수필문학』에서 최 교수님의 수필을 발견하면 반가워하며 정성 들여 읽곤 했어요. 특별히 「음식, 우리 문화로 읽기」를 재미있게 읽었는데 사정으로 그만 쓰신다고 해서 섭섭해했지요.

또한 「지하철 소묘」와 「옥수수와 하모니카」라는 수필을 읽고는 너무 안타깝고 가슴이 아파 눈물이 나려고 했답니다. 최 교수님의 따뜻한 마음이 고스란히 저에게 전달되었기 때문입니다. 읽은 후 먹먹한 가슴을 진정시키기 위해 한참 동안 가만히 앉아 있었어요.

최홍식 교수님을 처음 뵙던 일이 떠오릅니다. 행사장으로 들어서자 교수님께서 저에게 오셔서 반갑게 맞이해 주셨습니다. 누구신지 몰라 제대로 인사를 드리지 못했지요. 제 작품을 평해 주실 최홍식 교수님이신 것을 행사 중간에야 알게 되었어요. 프로그램에서 성함을 보고도 어느 분이신지 몰랐답니다. 아무도 소개해 주지 않았으니까요. 행사 후에 다시 뵙고 싶었는데 시애틀에서 왔다고 친구들이 반갑게 모여들어 축하하는 바람에 제가 흥분 상태로 정신이 쏙 나갔잖습니까. 식사 후 두리번거렸지만, 다시 뵐 수 없었어요. 참으로 죄송했습니다. 최 교수님, 제 무례함을 용서해 주시기 바랍니다. 그래도 시상자로 함께 찍은 사진이 있어서 잘 간직하고 있습니다.

교수님께서는 제 글을 평하셔야 하니까 할 수 없이 다 읽으셔야 했고 많은 사람들 앞에서 말씀하셔야 하니까 과분하게 평가해 주셨다고 생각합니다. 그러나 그때는 황송하면서도 기뻤습니다.

일 년 전이 엊그제 같은데 다시 5월, 2019년의 행사를 『수필문학』을 통해 읽고 교수님께 다시 죄송한 마음이 솟구쳐 부끄러움과 염치를 무릅쓰고 늦은 인사를 드리고 있습니다. 최 교수님, 진심으로 감사드립니다.

제가 서울에서 살고 있다면 수필가들의 모임과 여러 행사에 참석하며 최 교수님을 자주 뵙고 많이 배울 기회가 있을 텐데 아쉽습니다.

저는 이곳 '한문협 워싱턴 지부'에서 시애틀문학회 회원으로 활동하며 글을 사랑하는 마음을 키우고 있습니다. 늦게나마 지면을 빌어 감사 인사를 드리는 것을 허물치 마시기 바랍니다.

교수님 뵙지는 못하지만 『수필문학』을 통해 계속 교수님의 글을 대할 수 있기를 기대합니다. 늘 건강하시고, 하시는 일 속에서 기쁨이 가득하시길 빕니다.

2019. 6. 안문자 올림.

숲에 잠겨 꿈을 꾸다

발행일 2023년 11월 25일

지은이 안문자

발행인 강병욱
발행처 도서출판 교음사
편집 수필문학사

03147 서울 종로구 삼일대로 457 수운회관 1308호
Tel (02) 737-7081, 739-7879(Fax)
e-mail : gyoeum@daum.net
등록 / 제2007-000052호

* 잘못된 책은 바꿔 드립니다. 값 18,000원

ISBN 978-89-7814-952-5 03810